Druk en distributie: BoD – Books on Demand, Norderstedt
ISBN 978-3-7386-5431-8

Goden van de Lage Landen

Vereerd door Friezen, Bataven en andere Germaanse volken

GardenStone

Inhoud

Voorwoord

Dit kleine boekwerkje was niet direct als boek gepland. Na jarenlang onderzoek was veel informatie over ongeveer 270 Germaanse goden samengebracht. Die werd verwerkt in het tweedelige Engelstalige boek "Gods of the Germanic Peoples - From Roman Times to the Viking Age". Al tijdens de researchperiode werden de 'Nederlandse en Vlaamse' goden en godinnen daar uitgefilterd en samengebracht om er in het Nederlands een lezing over te geven. Die lezing werd in 2014 gerealiseerd. Omdat daarbij voor de beschikbare tijd wel heel veel informatie was samengebracht, kon slechts een selectie van het materiaal worden gepresenteerd. Daarop kwam direct de vraag naar een schriftelijke neerslag van de hele voorbereide lezing. Na aanvankelijke sterke terughoudendheid bij de auteur, hij had er helemaal geen zin in, werd de tekst van die lezing dan toch bewerkt en dat leidde tot de voorliggende publicatie.

De rangorde van de gepresenteerde goden is die, welke bij voornoemde lezing werd gebruikt en die was gebaseerd op een afwisseling in informatie en beeldmateriaal. Deze volgorde werd niet omgezet in een alfabetische; de inhoudsopgave voorin en de index achterin geven voldoende mogelijkheden om een godheid toch snel te kunnen vinden.

GardenStone
Usingen, zomer/herfst 2015.

Impressie van een Bataafs bouwofferritueel.

Inleiding

Vaak wordt bij veel oude heidense goden gemeend, dat zij van Nederlandse of Vlaamse bodem stammen. Dat is echter een 'bedrieglijke' zienswijze. Praktisch alle vondsten die ons de namen van die goden en godinnen overleverden stammen uit een tijd die heel wat eeuwen vroeger is dan de eerste vermeldingen van Nederland en Vlaanderen. En die eerste vermelding had dan ook nog eens niets te maken met het land, de natie die thans Nederland heet. Er moesten nog veel eeuwen voorbijgaan voordat er ook maar sprake was van zo'n eenheid. Nog tot laat in de middeleeuwen was 'Niderlant' alleen maar het gebied tussen de Maas en de Rijn. In tegenstelling tot ons omringende landennamen zoals bijvoorbeeld België, Frankrijk, Engeland, Duitsland of Denemarken, die een etnische oorsprong hebben, dus waarin je namen van oude volken terug kunt vinden is de oorsprong van Nederland slechts een aardrijkskundige term om het onderscheid aan te geven met hoger gelegen gebied. De naam Vlaanderen gaat terug op "PAGUS FLANDRENSIS", een Frankische gouw uit de vierde eeuw. Het woord wijst op overstroomd of drassig land.

De mensen die via inscripties aantoonden dat ze die goden vereerden, waren dus ook geen Nederlanders of Vlamingen – er waren geen Keltische of Germaanse volken met die namen. In een aantal gevallen woonden ze ook niet in het gebied dat nu Nederland of Vlaanderen heet; Romeinen uit veel delen van dat grote Romeinse Rijk, Kelten uit gebieden die nu tot België, Frankrijk en Duitsland horen en Germanen die ook van zowat overal vandaan konden komen – zij kunnen alle tot de vereerders van de hier genoemde goden horen. Wanneer er dan wordt gesproken in literatuur over lokale godheden en lokale bevolking, dan zegt dat nog niets over hun herkomst. Dat houdt ook in, dat bijvoorbeeld een Bataafse god niet alleen maar door Bataven werd vereerd. Hoewel de altaarstenen van de godin Nehalennia voor de kust van Zeeland werden gevonden en haar naam hoogstwaarschijnlijk Germaans is, waren de vereerders die hun naam op haar votiefstenen vereeuwigden Romeinen, Kelten en Germanen en het merendeel ervan kwam uit het gebied waar de Duitse steden Keulen, Koblenz en Trier liggen.

Die Germanen die de goden vereerden waarover het verder in dit boekje gaat, zijn de Friezen, de Bataven, de Tubanten, de Cananefaten, de Tungri, de Frisiavonen, de Marsakers, de Sturiërs, de Cugerners, de Toxandriërs en de Nerviërs. Verderop wordt een kaartje getoond waarop je kunt zien, waar die volken zo ongeveer woonden.

Een volgende punt is dat van een aantal van de goden waarover hier wordt verteld de vondsten met hun namen niet op Nederlandse of Vlaamse bodem werden gevonden, maar daarbuiten, bijvoorbeeld in Engeland. Maar omdat dan uit zulke inschriften duidelijk is, dat de vereerders tenminste deels afkomstig waren uit wat nu Nederland of Vlaanderen is, horen ze natuurlijk ook hierbij.

Als derde opmerking vooraf wordt er met nadruk op gewezen, dat wanneer hier over archeologische, historische en taalkundige (preciezer, etymologische) aspecten wordt verteld, dat echt niet allemaal feiten zijn. Onduidelijke letters en woorden op altaarstenen moesten worden geïnterpreteerd, Latijnse namen van Germaanse goden

6

worden verklaard met hulp van woorden uit oude Germaanse talen. Maar die oude talen op zich zijn al reconstructies en interpretaties waarvan we maar moeten hopen dat ze ook kloppen omdat taalkundigen dat zo vastlegden. Totdat er dan weer een andere wetenschapper opduikt die overtuigend uit kan leggen dat de anderen het mis hebben. De oude geschiedenis, de archeologie en de etymologie als onderdeel van de historische linguïstiek (dat is het gebied van de taalkunde waarin de oorsprong van woorden wordt onderzocht) bouwen op hele stelsels van reconstructies, constructies, interpretaties, hypothesen, aannames, vermoedens en speculaties. En zolang een meerderheid het er dan over eens is blijft iets geldig, totdat er dus weer een goed onderzoek het daglicht ziet dat daarvan afwijkt.

Heel erg vaak wordt als het ware automatisch een directe verbinding gelegd tussen de mogelijke taalkundige betekenis van de naam van een godheid en de daarbij behorende competenties van zo'n god(in). Maar in vrijwel alle gevallen weten we helemaal niet of de inhoud van de cultus van een god of godin iets te maken heeft met de gereconstrueerde betekenis van de naam - dat taalkundige pad kan tot succes leiden, maar we hebben er gewoon geen zekerheid over. Dus in de meeste gevallen gaan zulke interpretaties niet verder dan vermoedens. Het is bijvoorbeeld ook goed mogelijk, dat de vereerders van zo'n god of godin hun godheid een heel andere competentie toeschreven dan wij op grond van de etymologie denken; zo'n naam zou voor die mensen destijds een andere betekenis gehad kunnen hebben. Het kan ook zijn dat men de oorspronkelijke betekenis niet eens kende; daarvoor bestaan voorbeelden. Hou dat grote stuk onzekerheid dus in je achterhoofd. Tenminste bij het verder lezen in dit boekwerkje.

Een vierde punt is, dat ook zo'n dun boekje als dit niet in één keer en niet uit de losse pols is geschreven. Ver van tevoren begint de planning: een tevoren ruim gesteld doel wordt tot een praktisch en werkbaar doel verkleind en dan volgt het langste stadium van het zoeken en verzamelen van informatie. Dit wordt in allemaal kleine porties opgeslagen -- eekhoorntjestactiek. Wanneer dan de 'informatiestroom' terugloopt en er slechts af en toe een 'druppeltje' bij komt, wordt alles een tweede keer doorgelezen en bewerkt. Dan begint het vertalend schrijven waarbij onder andere het verzamelde materiaal tot een doorlopend geheel wordt samengevoegd. En kort nadat het is gepubliceerd, komt dan toch onverwacht weer nieuwe informatie binnen die eigenlijk ook in het boek hoorde.

Er worden verschillende namen van Germaanse volken genoemd. Op het navolgende kaartje is aangegeven waar die volken vermoedelijk hebben gewoond. Alleen de namen van de volken zijn aangegeven, duidelijke grenzen van de thuislanden zijn niet bekend – en zo die hebben bestaan waren ze niet stabiel.

Tenslotte nog een 'technisch' woord:
Het begrip votief komt verderop in het boek vaak voor. Dat woord hangt samen met het Latijnse woord VOTUM en betekent gelofte. Een votiefsteen is dan een meestal mooi

bewerkte steen of een tafel of tablet van steen met een inscriptie waaruit blijkt dat een gelofte werd afgelegd of vervuld. Gewoonlijk betreft dat eden of beloftes aan goden of godinnen -- voor de hulp of bescherming van een godheid belooft iemand in ruil daarvoor iets terug te geven. Dat was dan zo'n votiefsteen of votiefaltaar.

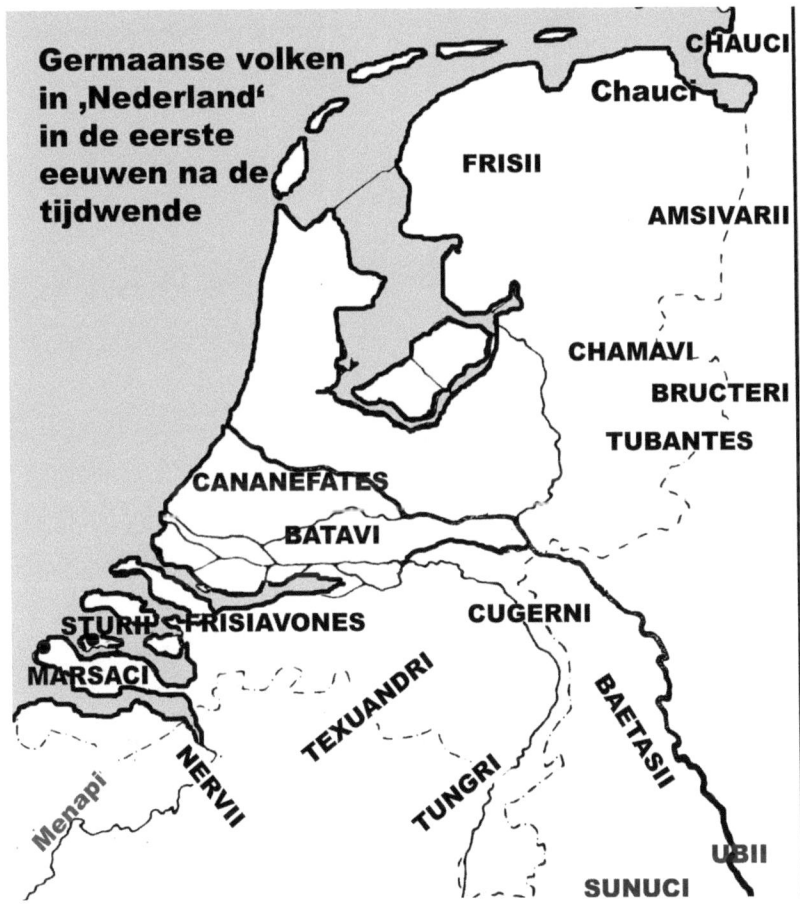

De twee grijs gekleurde namen rechtsonder wijzen op volken die niet binnen de Nederlandse grenzen maar die staan daar, omdat ze verderop wel worden vermeld. De Menapi links waren Keltische buren.

Foto van een van de votief tabletten die onder het Domplein in
Utrecht werden gevonden en een afschrift van de tekst erop.

1. Alabuandes, Alabuandiz (Hercules Alabuandes)

In 1929 werden in Utrecht bij opgravingen op het Domplein verscheidene stenen platen met deels fragmentarische votiefinscripties gevonden. Deze votieftabletten stammen waarschijnlijk uit de derde of het begin van de vierde eeuw. Ze waren aangebracht op een muur of zuilengang.

De Latijnse tekst op die tabletten is uiterst moeilijk te ontraadselen, omdat op ranken lijkende versieringen over de woorden zijn aangebracht. Oorspronkelijk zal het lezen van de tekst wel niet zoveel problemen hebben veroorzaakt omdat, afgaande op andere voorbeelden, ornamenten en woorden verschillende kleuren hadden.

De tekst bevat onder andere namen van verschillende goden en godinnen. Hercules Alabuandes is daar één van. De naam Hercules geeft hier aan, dat een lokale of regionale godheid werd gelijkgesteld met eentje van de Romeinen. De tweede naam is Germaans; dat is zowel gebaseerd op de eerste twee lettergrepen 'ALA-' als ook op vergelijkingen met soortgelijke woorden uit Germaanse talen.

Met betrekking tot de competentie, de bevoegdheidssfeer van deze god bestaan verschillende zienswijzen. Die wordt meestal afgeleid uit de mogelijke taalkundige verklaring van de naam.

Er wordt een associatie gezien met het Oud-IJslandse woord *albūa* en met *albūinn*; beide woorden hebben met 'uitrusting' te maken en deze zienswijze interpreteert Alabuandes als een god wiens competentie met militaire uitrusting te maken heeft.

Een andere interpretatie stoelt op een analogie met het Oud-IJslandse woord *bōndi*, in het meervoud *bōndr, būendr*. Dit wordt in samenhang gezien met het Latijnse woord 'BUAND-'. Alle wijzen ze op grootbezit, 'hij die veel bezit'.

Een derde en dat is ook de meest geaccepteerde opvatting ziet een verbinding met het Germaanse begrip *allōz būandiz*. Dat was waarschijnlijk een oproep op een volksvergadering en betekent: 'landheren en vrije mannen'. De uitdrukking had vooral poëtische waarde.

In deze zienswijze vormt de samentrekking van beide Germaanse woorden tot *Alabūandiz* de naam van een god. Deze wordt dan gezien als een god voor alle vrije deelnemers aan zo'n vergadering of een Thing.

Een mogelijke late aanwijzing voor het bestaan van deze god is te vinden in het Middel-Nederlands, dat zo tussen 1200 en 1500 werd gesproken. Daar komt het begrip *barlabaen, barlibaen*, voor, in andere regio's van Nederland is het *Barlebos* en *Barnebon*. Dat zijn alle bijnamen voor de duivel en het vermoeden bestaat, dat deze oude heidense god door de katholieke geestelijkheid in dit woord is gedemoniseerd.

2. Arcanua

Afbeeldingen van altaren van deze godin kennen we niet, maar haar naam komt voor in twee inscripties die werden gevonden bij Born-Buchten, tegenwoordig deel van de gemeente Sittard-Geleen.

Binnen de blootgelegde kelders van een in 1976 opgegraven vierkant heiligdom werden twee voorwerpen uit de eerste of tweede eeuw gevonden, die de naam van deze godin prijsgaven. Van de kelders wordt verondersteld dat het de fundamenten van een tempel waren. Een van de twee artefacten is een klein bronzen, bladvormig plaatje, de andere is een beeldje van een haan waar op de sokkel staat geschreven:

DEAE ARCANUE ULPIVS VERINUS VERTERANUS
LEG VI V.S.L.M.
Vertaald:
Voor de godin Arcanua van Ulpius Verinus, veteraan uit het Zesde Legioen. Graag en met reden heeft hij zijn belofte vervuld.

Vermoedelijk bestaat er een verbinding tussen de haan en de godin, mogelijk toont het één van haar eigenschappen.

Van de schenker Ulpius Verinus is uit andere Romeinse documenten bekend, dat hij tot ongeveer het jaar 120 deel uitmaakte van het Romeinse garnizoen in VETERA II, die plaats heet tegenwoordig Xanten en ligt in Duitsland, dicht bij de grens met Nederland. Daarna diende hij in Eburacum, het huidige York in Engeland.

Vermoedelijk heeft hij na de terugkeer in zijn geboorteland in GERMANIA INFERIOR dat beeldje voor de godin laten maken en haar geschonken om een belofte in te lossen, misschien voor een behouden terugkeer of voor een eervol ontslag uit het leger na 25 jaar dienst. Zijn voornaam kreeg hij mogelijk als beloning – dan werd hij vernoemd naar de Romeinse keizer Ulpius Traianus (53-117). De achternaam Verinus geeft geen uitsluitsel over de herkomst van de man, maar het is een veel voorkomende Romeinse naam. Dat hoeft verder ook niets te betekenen, want veel

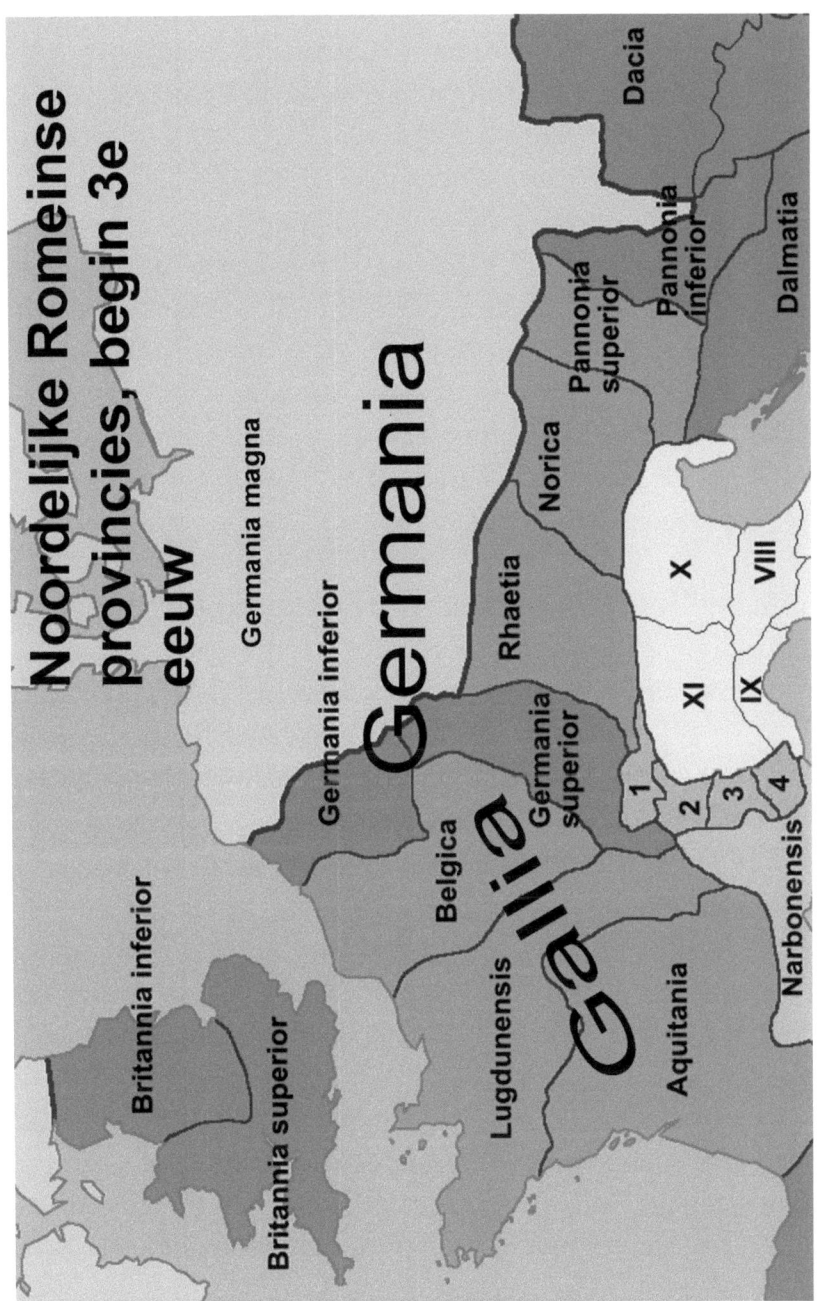

Noordelijke Romeinse provincies, begin 3e eeuw

Germania magna

Germania inferior

Germania

Germania superior

Rhaetia

Norica

Pannonia superior

Pannonia inferior

Dacia

Dalmatia

Britannia inferior

Britannia superior

Belgica

Gallia

Lugdunensis

Aquitania

Narbonensis

XI

X

IX

VIII

1

2

3

4

15

geromaniseerde Germanen (trouwens Kelten ook) leg-
den hun oorspronkelijke namen af en droegen alleen hun
Romeinse naam.

Er is enige discussie over geweest of de naam van de godin
Romeins, Gallisch of Germaans is – in de laatste beide gevallen betreft het dan een geromaniseerde naam. Afgaande
op het gebied waar de voorwerpen werden gevonden en
de bevolking die daar in die tijd woonde, wordt een Germaanse oorsprong aangenomen.

Omdat de achterkant van het kleine beeldje hol is, bestaat
het vermoeden dat het werd gebruikt als een olielampje of
een kaarsenhouder.

In het Duitse Rijnland zijn meer van dergelijke beeldjes
van hanen gevonden. Die hadden verder geen inscriptie,
maar een connectie met Arcanua is natuurlijk wel mogelijk.

Het zoeken naar de betekenis van de naam heeft nog niet
tot een bevredigende oplossing gevoerd.

Eén suggestie is een relatie met het Germaanse woord
arkō dat 'doosje', 'geldkistje' en ook 'schrijn' betekent.
Ook is een verbinding geopperd met het Latijnse woord
ARCĀNUS, dat 'gesloten', 'verzegeld' en 'geheim' betekent,
en met ARCANE dat zelfs nu nog 'geheimzinnig', 'gesloten'
en 'zwijgzaam' betekent.

Hierop gebaseerd wordt deze godin geïnterpreteerd als
'zij, die kistjes met waardevolle inhoud beschermt', of 'zij,
die de geheime plaatsen beschermt waar het geld is verbor-
gen'. Maar ook wordt ze gezien als 'de mysterieuze' of 'de
mystieke'.

3. Baduhenna

De Romeinse geschiedschrijver Tacitus schreef in zijn Annalen, dat in het jaar 28 na de tijdwende veel Romeinse soldaten sneuvelden bij een veldslag waarbij sprake was van een "woud van Baduhenna". Dat was waarschijnlijk in het huidige Noord-Holland. De Latijnse zinsnede en een praktisch woordelijke vertaling ervan luiden:

MOX COMPERTUM A TRANSFUGIS NONGENTOS ROMANORUM APUD LUCUM, QUERN BADUHEN-NAE VOCANT ...

Vertaald:

Achteraf ervoer men van overlopers, dat in een bos dat zij aan Baduhenna toeschrijven ...

Op grond van soortgelijke benamingen uit de Romeinse tijd mag worden geconcludeerd, dat het bij die naam om een godin gaat (het is een vrouwelijk woord).

Omdat dat gebied hoorde tot het territorium van de Frie-zen, is het aannemelijk dat Baduhenna een Friese godin is. In de hoofdstukjes 72 en 73 van het vierde boek van die Annalen vertelt Tacitus over die veldslag en de oorzaken ervan. Deze tekststukjes in de vertaling van Ben Bijnsdorp luiden:

In hetzelfde jaar zijn de Friezen, een volk aan de overkant van de Rijn, in opstand gekomen, meer als gevolg van onze eigen inhaligheid dan uit misnoegen over hun onderwerping. Drusus had hen een matige belasting opgedragen met het oog op hun beperkte middelen, namelijk om voor militair gebruik runderhuiden in te brengen, zonder dat iemand zich er ooit druk om had gemaakt welke kwaliteit en welke afmeting zij moesten hebben, totdat Olennius, een van de primipili (dat is een soort generaal), aangesteld om de Friezen te regeren, huiden van oerossen uitkoos, naar het formaat waarvan hij ze wenste te ontvangen.

Deze belasting, ook voor andere volken al een zware opgave, werd bij de Germanen des te moeilijker verdragen omdat zij wel wouden hebben, rijk aan kolossale wilde dieren, maar stalvee van slechts bescheiden omvang. En aanvankelijk leverden zij de runderen zelf in, daarna hun akkers, tenslotte stonden zij hun vrouwen of kinderen als slaven af.

Hieruit kwam wrok voort en geklaag en toen er geen verlichting kwam probeerden ze een oplossing te forceren door middel van oorlog. De soldaten die voor de inning van de belasting aanwezig waren werden gegrepen en aan de galg geknoopt: Olennius wist door een vlucht zijn vijanden te vlug af te zijn en trok zich terug in een versterking dat de naam 'Flevum' droeg. Daar bewaakte een niet onaanzienlijke menigte burgers en bondgenoten de kust van de Oceaan.

Zodra dit bij Lucius Apronius, de pro-praetor (dat is een soort stadhouder die aan het hoofd van een Romeinse provincie stond) van Beneden-Germanië, bekend was geworden, ontbood hij de eenheden van de legioenen uit de Boven-provincie alsmede uitgelezen infanterie en cavalerie van de hulptroepen en voerde beide legereenheden de Rijn af naar de Friezen. Het beleg van het fort Flevum was toen al opgeheven en de opstandelingen waren weggetrokken om hun eigendommen te verdedigen. Derhalve verstevigde hij de moerassen in de buurt met dijken en veenbruggen om daar de zwaardere legertros overheen te voeren.

En na intussen doorwaadbare plaatsen gevonden te hebben gaf hij een ruiterafdeling van de Cannanefaten en wat er aan Germaanse ruiters tussen de onzen diende de opdracht om met een omtrekkende beweging in de rug te komen van de vijanden, die, al voor een veldslag opgesteld, de cavalerie van de bondgenoten en de te hulp gezonden ruiterij van de legioenen onder zware druk zetten. Toen zette hij zijn drie lichtgewapende cohorten in en daarna weer twee, en, nadat er vervolgens enige tijd tussen verlopen was, werd de ruiterij van de bondgenoten er op afgestuurd. Hoewel ze sterk genoeg zouden zijn geweest als zij tegelijk aangevallen hadden, hebben zij nu, omdat ze bij tussenpozen gearriveerd waren, enerzijds niets bijgedragen aan het moreel bij de soldaten die al in verwarring gebracht waren en anderzijds werden zij door de schrik van de vluchtenden meegesleurd.

Toen stelde Apronius aan Cethegus Labeo, onderbevelhebber van het vijfde legioen, alles ter beschikking wat hij nog aan hulptroepen had. En ook hij, door de hachelijke omstandigheden van de zijnen in een gevaarlijke positie gebracht, verzocht dringend om de hoofdmacht van de legioenen door het zenden van boden. Toen stormden de mannen van het vijfde legioen vóór de anderen naar voren en, door de vijand in een verbeten gevecht op de vlucht te drijven, ontzetten zij de cohorten en eskadrons die uitgeput waren door verwondingen. En de Romeinse aanvoerder trok niet op wraak uit noch begroef hij de gesneuvelden, ofschoon er veel tribunen en praefecten en aanzienlijke centurio's gesneuveld waren.

Naderhand is men van overlopers te weten gekomen dat 900 Romeinen afgemaakt zijn in het zogenoemde Baduhenna-woud nadat zij de strijd tot de volgende dag hadden weten te rekken, en dat een andere afdeling van 400 man eerst de villa bezet hadden van Cruptorix, die ooit als soldaat gediend had, en daar elkaar neergestoken hadden toen men verraad vreesde.

Door zijn manier van formuleren bij zijn beschrijvingen geeft Tacitus de indruk, dat de heilige plaatsen in de bossen van de Germanen natuurlijke open plaatsen waren, mogelijk zelfs ook gebruikt bij oorlogvoering, dat in tegenstelling tot de Romeinen, waar zulke plaatsen in hoge mate door de mensen waren ingericht, bijvoorbeeld met muren of stenen zuilen.

In het eerste deel van de naam van de godin is het Germaanse woord *badwa-* herkenbaar, dat betekent 'gevecht' of 'strijd'. Het tweede gedeelte -*henna* wordt geassocieerd met het Germaanse woord *henk-*, het het Gotische *frahintan* en met het Oud-Hoogduitse *heri-hunda*: alle betekenen ze 'oorlogsbuit'. De beide delen van de naam samen beschrijven dan waarschijnlijk de bevoegdheid en competentie van Baduhenna: 'Zij, die zorgt voor oorlogsbuit door de zege in de slag'. Dat was waarschijnlijk precies datgene waarop haar krijg voerende vereerders hoopten. Algemener wordt ze geïnterpreteerd als een krijgsgodin.

Middeleeuwse illustratie van de slag bij het woud van Baduhenna.

Oude foto van een van de Domplein votieftabletten.

4. Baldruus

Nu wordt niet voor de laatste keer teruggegrepen op de stenen tabletten die onder het Utrechtse Domplein werden gevonden. Eén van de daarop voorkomende goden heet Baldruus.

De naam van deze god komt voor op dezelfde stenen tabletten waar ook de voorheen al genoemde Hercules Alabuandes op voorkomt. De ontcijferde inscriptie met deze namen luidt:

VOTA (DEO) HERCOULEO MACUSANO BALDRUO
LOBBONO   SOLVERUNT   DECURIONES   ....
VABUSOAE DEO LOBBONO BORUOBOENDOAE
VOTA SOLVERUNT ANIMO LIBENTES

Een vrije vertaling daarvan luidt:

Hun eden aan de goden Hercules Magusanus, Baldruus en Lobbonus hebben de decurions .... voldaan .... de beloftes aan de godin Vabusoa, de god Lobbonus en de godin Borvoboendoa werden uit vrije wil van harte ingelost.

Decurions kunnen hier legerofficieren zijn geweest, maar het begrip werd ook wel gebruikt voor gemeenteraadsleden.

In oudere literatuur wordt deze god op basis van een fonetische overeenkomst, (dus ongeveer gelijkluidende namen) geïnterpreteerd als dezelfde god die we een kleine duizend jaar later in de Noordse mythologie tegenkomen onder de naam Balder. Die opvatting wordt tegenwoordig toenemend als achterhaald gezien. Baldruus wordt gezien als een op zichzelf staande continentale of West-Germaanse god die behalve de naamklank verder niets met de Noordse Balder te maken heeft.

Voor een uitleg wat de naam Baldruus zou kunnen betekenen bestaan verschillende voorstellen:

De naam wordt vertaald als 'mannelijk'. Dit voorstel wordt verder taalkundig niet onderbouwd.

Een tweede suggestie is: Moed of dapperheid schenken aan degenen die ten strijde trekken. Dit voorstel is gebaseerd op het Oudsaksische woord 'baldor' dat te maken heeft met 'mensen die verwachten te sterven voordat hun tijd gekomen is'.

In een derde zienswijze wordt het Proto-Germaanse woord 'baldas' aangehaald, dat 'moedig' en 'dapper' betekent. Het is mogelijk dat de tweede en deze derde zienswijze met elkaar samenhangen.

En dan is er nog het idee, dat er misschien een relatie bestaat met de Tweede Mersuburger Toverspreuk waarin de zin voorkomt:

du uuart demo balderes uolon sin uuoz birenkit.
Vertaald:
en de voet van Balder's veulen was verstuikt.

Dit laatste voorstel vindt echter verder geen bijval omdat de Latijnse inscriptie van de Utrechter tabletten waarschijnlijk oorspronkelijk Proto-Germaans of een Bataafs dialect is, terwijl de taal van die toverspreuk een vroege vorm van Oud-Hoogduits is, misschien oorspronkelijk afkomstig uit het Oudsaksisch.

Daarbij komt ook nog, dat de wellicht voor de hand liggende interpretatie van het Oudhoogduitse *balderes* uit deze spreuk mogelijk helemaal niet op de Scandinavische god wijst, maar op de 'gewonere' betekenis "heer" - in dat geval is het goed mogelijk, dat de oorspronkelijke zinsnede:

Phôl ende Wuodan fuorun zi holza.
dû wart demo balderes folon sîn fuoz birenkit.
Moet worden vertaald als
Phol en Wodan reden naar het bos.
Toen raakte de voet van het veulen van de heer [...] verstuikt.

Omdat de naam 'Phol' als vrouwelijk wordt gezien, zou dat 'heer' heel goed op Wodan kunnen wijzen. Deze zienswijze is erop gebaseerd, dat de naam van Balder als god verder nergens in oude bronnen voor het Europese vasteland voorkomt.

Oude foto van de opgravingen op het Domplein in Utrecht.

5. Borvoboendoa

In dezelfde inscriptie die bij Baldruus werd geciteerd, komt ook de naam voor van Borvoboendoa.

Ook voor de naam van deze godin bestaat nog geen eenduidige taalkundige verklaring. Maar ook hier bestaan enige voorstellen of theorieën. De oudere daarvan zoeken het bij de taal van de Kelten, een recentere ziet een Germaanse oorsprong.

De eerste Keltisch georiënteerde theorie luidt:

Eerst wordt de naam gewijzigd van Borvoboendoa in *Borvo-bō-vinduā* en dat wordt dan opgedeeld in het deel *borvo*, dat koken of zieden betekent, en het samengestelde deel *bō-vinduā* dat 'witte koe' betekent. Samen zou de naam dan 'de ziedende witte koe' betekenen en dat wordt dan geïnterpreteerd als een lentegodin met genezende kracht die wordt uitgebeeld in de vorm van een koe. Het 'zieden' zou dan op het begrip 'trance' duiden, dat tegenwoordig in sjamaanse teksten zo voorkomt, of op borrelend koolzuurhoudend water.

Die naamswijziging in het begin als basis maakt deze zienswijze erg vergezocht en onwaarschijnlijk.

Een tweede Keltische interpretatie ziet een relatie met de Keltische god der geneeskracht Borvo, wiens naam echter alleen maar uit vondsten in zuidelijk Gallië en Portugal bekend is. Deze god wordt geassocieerd met het genezende water van een koolzuurhoudende bron. Taalkundig wordt een verband gelegd met het Keltische woord *boru* dat op zijn beurt een verbasterde vorm zou zijn van het Proto-Keltische *beru* dat 'borrelen' of 'bruisen' betekent.

Een derde benadering concludeert een Keltische achtergrond wegens een vermeende overeenkomst met enige Iers-Keltische woorden en een rivier in Ierland. Een Romeinse inval in Ierland is een omstreden onderwerp, maar het vermoeden bestaat dat geromaniseerde Britten (Britons) korte tijd in Ierland waren. Er is echter niets bekend over Friezen, Bataven of andere volken uit deze contreien die daar waren. Deze interpretatie steunt waarschijnlijk vooral op het wensdenken om deze (en trouwens ook enige andere goden) een Keltische achtergrond te willen geven.

De derde zienswijze ziet een verbinding met de Germaanse woorden *bōwwōn* en *beunda*. Het eerste woord betekent 'bouwen' en 'leven' en het tweede 'grond' en 'bodem'.

Samen kan dat tot de interpretatie voeren, dat deze godin de grond en het huis erop beschermt waarin men woont.

Deze laatste duiding wordt als het meest waarschijnlijk gezien, omdat het gebied waarin de stenen tafeltjes werden gevonden in de tweede helft van de derde en de vierde eeuw al langere tijd door Germaanse volken werd bewoond. In die tijd liep zo ongeveer ter hoogte van Utrecht de noordgrens van het gebied der Bataven en de zuidgrens van dat van de Friezen. Zonder daarmee nu een scherpe grenslijn aan te willen geven.

6. Badumna

Badumna is een godin, waarover uit de heidense tijd niets bekend is. Dus er bestaan geen archeologische vondsten op Nederlandse of Vlaamse bodem en geen Latijnse of anderstalige geschriften uit die tijd.

De naam van deze godin is, voor zover bekend, pas na de middeleeuwen opgedoken. Volgens een Duits mythologisch handboek uit 1826 was Badumna een godin die door de Friezen en Goten werd vereerd. Ze wordt daarin beschreven als een godin van de jacht en van wouden en op tekeningen van na de 15e eeuw wordt ze afgebeeld met een pijl en boog in de handen en een gevulde pijlenkoker op haar rug.

Dat handboek uit de eerste helft van de 19e eeuw geeft als bron een ander boek van het einde 18e eeuw aan en dat werk op zijn beurt heeft waarschijnlijk geput uit oude volkssagen; enige, helaas niet al te duidelijke aanwijzingen wijzen in die richting.

Het is goed mogelijk, dat de oudste beschrijvingen of volkssagen hierover uit de 14e eeuw stammen, maar welke nog oudere bronnen die op hun beurt dan hebben gebruikt is niet bekend; dat kan zowel een mondeling verhaal zijn geweest dat dan op dat moment werd opgeschreven, maar ook kunnen het oudere Latijnse kloosterdocumenten zijn – helaas zijn heel erg veel van zulke documenten verloren gegaan door verwoesting tijdens oorlogen, door brand, overstromingen en het ondeskundig bewaren. Van veel van zulke verloren geschriften kennen we het bestaan alleen maar, omdat ze worden geciteerd of genoemd in andere

Badumna

geschriften die wel bewaard zijn gebleven.

De naam van de godin wordt verklaard uit het Germaanse woord *badwō* en het gotisch *badu* die beide duiden op 'gevecht' of 'gewapende uiteenzetting'.

Soms wordt een relatie met Baduhenna vermoed, maar dat is niet echt waarschijnlijk, want in dezelfde tijd dat de naam Badumna opduikt, werden voor Baduhenna de namen *Badua* en *Badva* gebruikt.

7. Thincsus

Hadrianus 1

Nu volgen er een drietal goden die in een inscriptie op een altaarsteen in Engeland werden gevonden, maar duidelijk thuishoren in een overzicht van goden en godinnen in de lage landen.

Op deze steen, die stamt uit ongeveer het jaar 150 na de tijdwende en die dicht bij de Muur van Hadrianus in het noorden van Engeland werd gevonden is de volgende inscriptie te lezen:

DEO MARTI THINCSO ET DVABVS ALAISIAGIS BEDE ET FIMMILENE ET NVMINI AVGVSTI GER-MANI CIVES TVHANTI VOTUM SOLVIT LIBENS MERITO

Vertaald wordt dat:

Aan de god Mars Thincsus en de twee Alaisiaga Beda en Fimmilena en aan de goddelijke geest van de keizer hebben de Germaanse stamleden van de Tubanten hun eed vrijwillig en met goede reden vervuld.

De eerstgenoemde van de genoemde goden is Thincsus.

Deze god werd dus vereerd door de Tubanten, een in feite maar klein Germaans volk. De namen Twente en Tubantia herinneren er nog aan. Soms wordt geopperd, dat de Friezen hem ook vereerden, maar dat is er alleen maar op gebaseerd dat de woongebieden van beiden mogelijk deels aan elkaar grensden, elkaar misschien soms overlapten, en omdat van beide volken mannen in hetzelfde Romeinse legeronderdeel dienden. Maar omdat de inscriptie alleen maar de Tubanten noemt, kan het net zo goed een in 'Twente' lokaal vereerde god zijn geweest. In de laatste paar eeuwen heeft Thincsus wereldwijde bekendheid gekregen, omdat er allerlei theorieën verschenen waarin wordt gesteld, dat het oude woord Thing of Ding, dat destijds een volksvergadering was, waar ook recht werd gesproken met deze god samenhing. En gebaseerd op die aanname werd dan weer aangenomen dat zulke bijeenkomsten onder zijn bescherming stonden. Daarbij wordt dan eigenlijk zonder steekhoudende redenen aangenomen, dat Thincsus door veel meer Germaanse volken werd vereerd dan alleen door de Tubanten.

Bij deze theorieën werden in hoofdzaak etymologische argumenten aangevoerd die op hun beurt ook weer op aannames en mogelijke taalkundige reconstructies berusten. Teveel om hier allemaal te vertellen, maar wie er meer over wil weten, die kan daarover het gratis eBoek "Thing – Ding – þing: Rechtbank – volksvergadering" lezen en downloaden op de Nederlandse afdeling van de website van de schrijver onder het menupunt 'Vrije eBoeken' op: www.boudicca.de.

Zoals bij zoveel dergelijke inscripties het geval is, wordt niet duidelijk, wat die soldaten nu precies aan de god hadden beloofd. Maar omdat die Tubanten in Romeinse dienst langs een grens gelegerd waren, waar veel werd gevochten, is het niet onwaarschijnlijk, dat Thincsus met strijd en het krijgshandwerk te maken heeft. Soms wordt daar de Romeinse rechtspraak ook bij gerekend.

Votiefaltaar, gewijd aan
Thincsus, Beda en Fimmilena.

Hoewel Thincsus dus waarschijnlijk een god was van een kleine Germaanse stam, wordt nogal eens de mening geuit, dat hij dezelfde zou zijn als de Noordse god Tyr die we meer dan duizend jaar later uit de Noordse mythologie kennen. Het lijkt niet echt waarschijnlijk; er bestaat geen taalkundige naamsovereenkomst en goden met zo ongeveer dezelfde functies zijn er veel meer – die worden ook niet op één hoop gegooid en tot één god gereduceerd – waarbij we niet eens echt weten welke competentie Thincsus nu precies had.

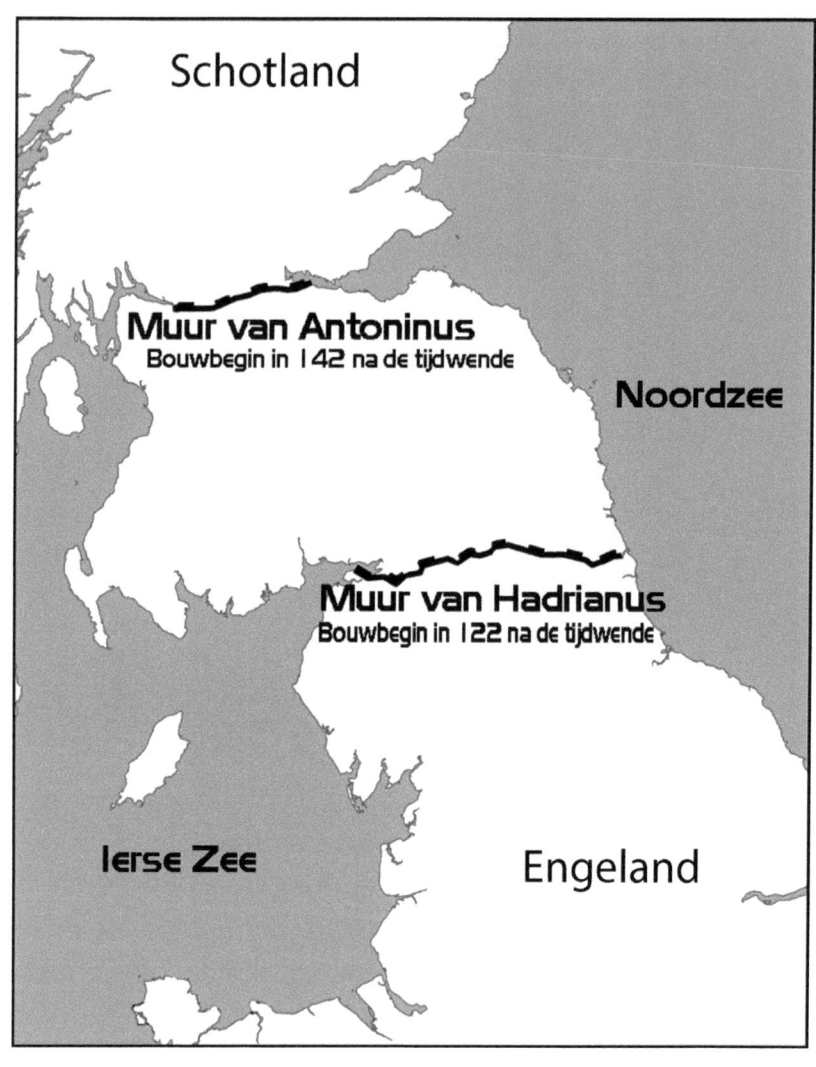

Romeinse grensmuren: Muur van Antoninus in Schotland,
Muur van Hadrianus in Noord-Engeland.

8. Beda

De tweede van het drietal goden uit die inscriptie die we net zagen is de godin Beda. Deze en de derde uit de inscriptie, ook een godin, worden samen ALAISIAGAE genoemd. Dit Latijnse woord wordt geassocieerd met de Germaanse woorden

aizō, aizjō: 'eer', 'roem', 'waardigheid', 'ontzag', 'gunst'
aizōn: 'ontzien', 'verschonen'
gantī-: 'gezondheid', 'heelheid'

Samen genomen kan dat wijzen op godinnen die gezondheid schenken of iemands eer en waardigheid begunstigen.

Voor de naam van de godin Beda bestaat geen eenduidige verklaring, maar wel verschillende interpretaties. Enige daarvan zijn:

Het zou zijn afgeleid van het Proto-Keltische *Bed-ā*: 'begrafenis'.

Omdat de Germaanse Tubanten de altaarsteen aan de godin offerden, mag worden aangenomen, dat het om een Germaanse godin gaat en dan is een Keltische naam onwaarschijnlijk.

De meest overtuigende uitleg is een verbinding met de Germaanse woorden

beda-, dat 'verzoek' betekent of 'een beroep doen op';
bedjan, dat 'vragen' betekent en
bedula, dat vertaald kan worden met 'pleiten' of 'smeken'. We herkennen hierin nog steeds het woord 'bedelen'.

Samen met de betekenis van het woord 'Alaisiagae', kan Beda worden gezien als een godin aan wie je kunt vragen om genezing van een wond of om hulp wanneer je eer in twijfel wordt getrokken. Beide mogelijkheden passen goed in een gevaarlijk oorlogsgebied.

Een populaire en als 'feit' veel verspreide veronderstelling is, dat er een verbinding zou bestaan tussen de naam Beda en het Friese woord *Bodthing*. Dat woord kennen we echter pas ruim duizend jaar later, sinds de 12e eeuw, en in die tijd ging het om een gerechtshof, een bijeenkomst van het volk, maar vooral een rijksdag, die bijeen werd geroepen in opdracht van de koning of zijn plaatselijke vertegenwoordiger. Dat laatste past goed bij de betekenis van het eerste deel van het woord 'bod', dat verwant is met het Oudfriese 'boda' met als betekenis: 'vertegenwoordiger', 'commissaris', 'afgevaardigde'.

Een verbinding tussen dat *Bodthing* en de godin is dan ook niet waarschijnlijk.

Germaanse
volksvergadering
(Thing)

9. Fimmilena

De derde van het drietal is de godin Fimmilena.

Net als bij Beda zou volgens oudere bronnen ook Fimmilena een verbinding hebben met een Fries juridisch woord. Ditmaal is het *Fimelthing*, dat was waarschijnlijk een vergadering van een dorp of een volksstam of een deel ervan waarbij ook gerechtelijke procedures plaatsvonden. Maar ook dit woord kennen we niet van voor de 11e of 12e eeuw – een tijdperk waarin de mensen ook in het noorden van Nederland al eeuwenlang waren gekerstend. Het is dan ook heel onwaarschijnlijk dat in die tijd voor een juridische of politieke activiteit de naam van een heidense godin werd gebruikt.

Dat woord *Fimelthing* heeft waarschijnlijk een verbinding met het Oud-Friese woord *fimel-* dat een hogere rechtbank was, die werd geleid door een graaf. Er wordt hier ook een verbinding gezien met het Middel-Nederduitse en het Middelnederlandse *fimelen*, *fimlen*: iemand die anderen misleidt, en wel zo erg, dat het voor de rechtbank komt.

Maar dat alles wijst niet echt op de Tubantse godin Fimmilena uit de eerste eeuw.

Als suggestie voor de betekenis van de naam van de godin wordt daarom een associatie voorgesteld met de Germaanse woorden *fimī-* en *fimīn*, dat behendigheid, rapheid en wendbaarheid betekent.

Samen met de betekenis van het woord 'Alaisiagae' kan Fimmilena dan een godin zijn, die de gezondheid en rapheid of wendbaarheid begunstigt. Kwaliteiten die in de strijd noodzakelijk zijn om te kunnen overleven.

Daarmee zijn de drie godennamen Thincsus, Beda en Fimmilena van de voornoemde Engelse votiefsteen besproken.

Restanten van de 'Muur van Hadrianus' bij de Noord-Engelse plaats Housesteads.

10. Firdi

De naam van deze godin wordt ook wel als Fera en Ferda geschreven.

Deze godin wordt genoemd in een kroniek uit 1517. Daarin staat, dat een Friese prins tegen een waarschijnlijk Saksische vorst, die in de 5e eeuw geleefd zou hebben, zo ongeveer dit zou hebben gezegd:

> ... denklijk alremogenste goddinne gheheten fera, die wi nu onse sprake hieten firdi, ende vieren dye opten VI, dach van der weken ende naamen die firdendach ...
>
> Holl. Divisiën Kronyk, Leiden, 1517

Vertaald:
... de machtigste godin is waarschijnlijk Fera, die in onze taal Firdi wordt genoemd. Zij wordt op de zesde dag van de week geëerd, en die dag heet Firdidag.

Het citaat van die kroniek is in de taal van de tijd, waarin die kroniek verscheen, een vorm van Middeleeuws Nederlands.

De naam lijkt samen te hangen met de Oudfriese woorden *fire*, dat 'feest' en 'heilig feest' betekent, en *fireldei*, dat 'feestdag' en 'rustdag' betekent.

Deze godin zou zijn vereerd door vrouwen, in het bijzonder meisjes; het is mogelijk, dat zij op de dag van de godin niet hoefden te werken.

Oudere bronnen voor Firdi kennen we niet. We weten niet hoe de schrijver van die kroniek aan z'n kennis kwam, maar er moet destijds dus wel een oudere bron hebben bestaan.

Soms wordt Firdi gelijkgesteld met de Noordse godin Freyja, maar dat is wel een heel ijl vermoeden, want behalve een klein stukje klankovereenkomst zijn er verder geen aanwijzingen om zo'n vermoeden te onderbouwen.

Meer is er over deze godin niet bekend.

Firdi

11. Fosite

Een van de belangrijkste raadgevers van Karel de Grote was de geleerde en geestelijke Alcuin van York. Deze Alcuin schreef zo tegen het einde van de achtste eeuw ook een biografie van Sint Willibrord. Dat was een Angelsaksische geestelijke die ook in Nederland heeft gemissioneerd, hij droeg dan ook de bijnaam 'Apostel der Friezen'. Willibrord kreeg zelfs van de paus de titel 'aartsbisschop van de Friezen' hij woonde daarna in Utrecht. In hoofdstuk 10 van die biografie wordt ook over de god Fosite geschreven:

Terwijl nu deze energieke prediker van het Woord zijn reis vervolgde, kwam hij bij een zeker eiland op de grens tussen de Friezen en de Denen, dat door de mensen uit dat gebied Fositeland werd genoemd. Het was vernoemd naar een god die Fosite heet, die zij aanbidden en waarvan daar tempels stonden. Voor deze plaats hadden de heidenen zo'n groot ontzag dat geen van de inboorlingen het waagt om zich te bemoeien met het het vee dat daar graast noch met iets anders op dat terrein, evenmin durven ze water te putten uit de bron die die daar in verder volledige stilte omhoog borrelt. De man Gods werd door een storm op dit eiland geworpen en wachtte er enige dagen tot de storm geluwd was en mooi weer het mogelijk maakte om weer uit te varen en het zeil te zetten. Hij gaf niets om de bijgelovige heiligheid die aan deze plek was toegeschreven, of aan de woeste wreedheid van de koning, die gewend was om schenders van heilige voorwerpen te veroordelen tot de meest wrede dood. Willibrord doopte drie personen in de fontein daar in de naam van de Heilige Drie-eenheid en gaf bevel dat een deel van het vee moest worden geslacht om als voedsel te dienen voor zijn gezelschap.

Toen de heidenen dit zagen, verwachten ze dat de vreemdelingen krankzinnig zouden worden of zouden worden getroffen door een plotselinge dood. Toen de heidenen geschrokken en verbaasd merkten, dat er geen bestraffing plaatsvond, meldden ze de koning wat er was gebeurd.

Zo halverwege de 11e eeuw voegde de geestelijke Adam van Bremen hieraan toe, dat een andere naam voor dat eiland *Heligoland* was. Waarschijnlijk is dat Helgoland, dat in de Noordzee voor de Duitse Bocht ligt.

De later heilig verklaarde Benedictijner monnik Alfridus die in de 9e eeuw leefde, rapporteerde dat de missionaris Liudger datzelfde eiland ook bezocht en er alles vernielde dat te maken had met de verering van Fosite en er een kerk liet bouwen.

Fosite wordt als een Friese god gezien, omdat dat hele gebied, inclusief dat eiland al sinds de 7e eeuw door Friezen werd bewoond.

Eigenlijk alleen maar gebaseerd op enige overeenkomst van de klank van de namen, wordt Fosite vaak geïnterpreteerd als een Friese variatie van de Noordse god Forseti die we een handvol eeuwen later uit de Noordse mythologie kennen. Afgaande op de mogelijke betekenissen van de namen is dat niet waarschijnlijk. Het Oudnoorse Forseti betekent 'voorzitter', waarschijnlijk van een rechtbank.

Die functie heet echter in het Oudfries *overmonn* of *ūrmann*. En het Oudfriese *Forsetta* betekent o.a. verpanden en afwijzen.

Daarentegen kennen we de Oudfriese woorden *forthlidza*, dat 'leren' of 'onderwijzen' betekent en *forsitta*, dat 'verzetten' en 'weerstand bieden' betekent. Deze laatste betekenissen samen met de landelijke oase van stilte met heilige koeien en een heilige bron die door de mensen werd gemeden, wijzen ook niet bepaald op een rechtsprekende god. Fosite schijnt eerder een god te zijn die met de verdediging van het grondgebied te maken heeft.

Desondanks wordt al sinds de Renaissance, waarvan het hoogtepunt in de 15e en 16e eeuw lag, gedacht dat Forseti en Fosite dezelfde godheid zijn. In die tijd wilde men dat ondersteunen met een sage waaruit dat zou blijken. Gelukkig werd al in de 18e eeuw ontdekt en dat geldt nog steeds, dat die sage een recent verhaal was, dat in de 16e eeuw bedacht en geschreven was juist om als 'bewijs' te dienen. Puur bedrog dus.

Voor de aardigheid toch maar even die sage vertellen:

Omdat hij wilde dat voor alle volken waarover hij heerste er geschreven wetten moesten komen, liet Karel de Grote, twaalf afgevaardigden van het Friese volk komen. Hij beval, dat deze mannen, die Asegas werden genoemd, dat zijn wetsprekers, om hun wetten op te zeggen, zodat zijn klerken het op konden schrijven. Toen de mannen na enige dagen nog niet aan het bevel van de koning konden voldoen, liet hij ze kiezen tussen de doodstraf, slavernij of op zee te worden uitgezet in een boot zonder roer. De mannen kozen die laatste vorm van bestraffing en toen ze eenmaal in die boot zaten baden ze om hulp. Daarop verscheen een dertiende man in hun midden, die een gouden bijl over de schouder droeg. Met die bijl stuurde hij de boot aan land. Hij wierp de boot op het strand en op die plaats ontstond een bron. Vervolgens leerde hij de mannen de wetten en verdween toen even plotseling als hij was gekomen. Die vreemdeling was Fosite en het land is Fositeland met de heilige bron.

Detail van een borstbeeld van Karel de Grote uit de 14e eeuw uit de Dom te Aken.

12. Fosta

We blijven nog even bij de Friezen en komen nu bij de godin Fosta, die ook wel Fostara en Fostare wordt genoemd.

Het oudste document dat op deze godin zou kunnen wijzen is een ietwat omstreden kroniek uit 1597 die de naam 'Foswert' vermeldt als de naam van een terp. Vertaald betekent dat: 'terp van Foste'. Die kroniek heet "Cronyk en Waaragtige Beschrijvinge van Friesland" en verwijst voor de naam van die terp naar een werk uit die 10e eeuw. Omdat die 10e-eeuwse bron niet te achterhalen is, is het vermoeden geuit dat die kroniek deels onjuiste informatie verstrekt. Maar het is zeker ook goed mogelijk dat dat oude geschrift wel bestond, maar, zoals zoveel oude geschriften in kloosters, werd vernietigd. De terp bevond zich aan de Friese Waddenkust bij het dorpje Ferwert en de kroniek vermeldt ook nog, dat op die terp een klooster was gebouwd. Dat klooster zou eerst op Ameland hebben gestaan, maar vanwege bedreigingen door piraten werd het geheel in 1109 naar die terp verhuisd.

Al meermaals is in diverse publicaties gesuggereerd, dat Fosta op Ameland werd vereerd, dat een oude naam voor dat eiland Fostaland zou zijn en dat ze daar ook een heilige plaats had, waar dan later juist op die plek een kerk met klooster werd gebouwd.

Omtrent het jaar 800 zou op bevel van Harmacarus, een bisschop van Utrecht, die van Friese afkomst was, een beeldje van Ameland naar Utrecht zijn gebracht dat de godin Fosta zou voorstellen. Het beeldje werd teruggevonden in de Mariakerk in Utrecht, samen met een soortgelijk beeldje waarvan wordt vermoed dat dat de Friese god Weda is.

Beeldje van de
godin Fosta.

Over dat beeldje schreef Johann Heinrich Zedler (1706–1751) in deel 50 van zijn Duitstalig Lexikon, dat werd gepubliceerd in 1747 (vertaald):

Door de Friezen werden voornamelijk vier afgoden vereerd en aanbeden, die Phoseta of Fosta,

Freda, Meda en Weda heetten. Van hen hadden Phoseta en Meda, (dat waren godinnen), in de rechterhand enige pijlen en in de linkerhand een korengarf; Freda en Weda echter op hun borst een schild, op het hoofd een helm en hun armen en benen waren grotendeels onbedekt en op hun rug hadden ze vleugels.

Daaruit wordt geconcludeerd, dat de eersten bij de landbouw werden aanbeden en laatsgenoemden bij oorlogen. Op 12 juni 1650 heb ik zelf de afbeeldingen van Fosta en Weda in de Mariakerk in Utrecht gezien.

Er zijn voor zo'n Fosta-tempel op Ameland geen archeologische bewijzen gevonden, maar als een indirecte aanwijzing kunnen mogelijk de wel gevonden resten van een oude kerk van tufsteen worden gezien, die uit de tijd voor de 12e eeuw stamt. Dat kan dan samengevoegd worden met het bekende stukje praktijk van de middeleeuwse katholieke kerk om juist op oude heilige heidense plaatsen kerken en kapellen te bouwen.

De 'Willibrordsdobbe' van Ameland wordt als een mogelijke tweede aanwijzing gezien; dat was een natuurlijke heilige bron waar volgens een lokale sage de heidense Friese koning Radboud een ontmoeting zou hebben gehad met de missionaris Willibrord. De oorspronkelijk heidense naam voor die bron zou dan zijn omgedoopt. Ook dat gebeurde op andere plaatsen wel vaker, maar bewijzen kan men het hier niet.

Een ander Fries verhaal over Fosta werd aan het einde van de 19e eeuw werd opgeschreven. Of het echt een veel oudere volkssage is, weten we niet. De sage luidt:

> In lang vervlogen dagen werd Ameland Fostaland genoemd, omdat daar een tempel stond van de godin Fosta. Maar nadat de plaatselijke bevolking het Christelijk geloof had aangenomen, werd toenemend de naam Ameland gebruikt. Maar toch werd daar in de dagelijkse omgangstaal de verkorte naam 'Fosland' nog langere tijd gebruikt. In de tijd, dat daar net een klooster was gebouwd, werden twee monniken erop uitgestuurd om naar de gesprekken van de mensen te luisteren en het eerste woord dat ze zouden horen, zou de naam van het klooster worden. Al gauw ontmoetten ze een landsman op de weg en ze vroegen hem vriendelijk:"Goede vriend, waarheen ben je op weg?"
>
> Het antwoord was: "Foswert". Dat was een samentrekking van 'Fosta-waarts' oftewel: "Naar Fosta", een kortaffe manier van spreken van de bewoners die men ook tegenwoordig nog wel aantreft. De monniken gingen terug en het klooster heette sindsdien: "Foswert.

Wat de naam Fosta nu precies betekent is niet bekend, maar er bestaat een associatie met het Oudfriese woord 'fōstra', dat 'voedsel' en 'voeden' betekent. Dat kan wijzen op een godin met agrarische kwalificaties.

13. Bauduhillia

Hadrianus 2

Na Fosta volgt nu weer een oversteek naar Engeland. Op dezelfde plaats in het noorden van Engeland, waar de altaarsteen voor Thincsus, Beda en Fimmilena werd gevonden, werd nog een soortgelijke votiefsteen ontdekt. Daarop staat de inscriptie:

DEABUS ALAISIAGIS BAUDUHILLIE ET FRIAGABI ET NUMINI AUGUSTI NUMERUS HNAUDIFRIDI VOTUM SOLVIT LIBENS MERITO

Vertaald:

Aan de Alaisiaga godinnen Bauduhillia en Friagabis en aan de goddelijke macht van de keizer heeft de afdeling (soldaten) van Hnaudifridus hun belofte graag en met goede reden ingelost.

Evenals tevoren betreft het hier twee godinnen die weer Alaisiaga worden genoemd. Zie voor de betekenis daarvan op bladzijde 35 onder 8. Beda.

De naam van de godin Bauduhillia werd tot in het recente verleden soms als een schrijffout gezien, de 'au' zou dan eigenlijk 'ou' moeten zijn. De schrijffout-theorie werd geopperd om de naam meer Keltisch te laten lijken en minder Germaans. Die praktijk wordt inmiddels in brede kring afgewezen.

Het Romeinse fort waar de altaarstenen werden gevonden, werd in die tijd bewoond door stamleden van de Friezen en de Tubanten.

De naam Bauduhillia hangt waarschijnlijk samen met het Germaanse woord *Baudi* dat wijst op iemand, die leiding geeft of heerst. Ook wordt gesuggereerd, dat het met het Germaanse *badwa* kan samenhangen, dat 'strijd' en 'gevecht' betekent. Samen met het al besproken woord 'alaisiagae' is het mogelijk een godin die eer en roem schenkt aan degenen die in de strijd leiding geven of het zou kunnen wijzen op een godin die zelf een zegevierende leidster in de strijd is.

Op basis van de taalkundige herleiding past deze godin eerder bij de Tubanten dan bij de Friezen.

Votiefaltaar voor de godinnen Bauduhillia en Friagabis.

14. Friagabis

De tweede godin die in de inscriptie op de foto links wordt genoemd is Friagabis, misschien heette ze Friagabia.

Er bestaan twee verschillende duidingen voor deze naam, een Germaanse en een Friese. Vanwege de stationering van Germaanse soldaten van verschillende volken in Romeinse dienst op die plaats in Noord-Engeland zijn beide naamsverklaringen mogelijk.

De eerste verklaring ziet voor het eerste deel van de naam een taalkundige verbinding met de Germaanse woorden *frīja-*: 'liefhebben' 'geliefde' en met *frijō-*: 'iemand graag mogen of liefhebben, en 'zorg dragen voor iets'. Misschien kunnen die Germaanse woorden verband houden met de huidige woorden 'vrijer' en 'vrijen'.

De tweede duiding legt voor dat eerste deel een connectie met het Oudfriese woord *frīa* dat 'bevrijden' en 'vrijlaten' betekent.

Het tweede deel van de naam wordt geassocieerd met de Germaanse woorden *gab-*, *geban*: 'geven', 'geschenk', 'schenken' en *gǣbīn*: 'gift', 'fortuin', 'geluk'.

In het eerste geval kan het wijzen op een godin die aangesproken wordt, wanneer liefde of verzorging nodig is.

In het tweede geval wijst het wellicht op een godin die vrijheid schenkt of begunstigt. Dat is voor soldaten in een oorlogsgebied zeker een heel welkome godin.

Wanneer hierbij de naam van de schenker wordt betrokken, Hnaudifridus, dan lijkt een Tubantse godin ietsje waarschijnlijker, want deze personennaam kan worden verklaard als

Germaans: *Hnaud-*: 'stoten', 'toeslaan'
Germaans en Oudfries: *friþuz*: 'vriendschap', 'vrede', 'iets graag doen'

De 'vriendschap' of 'vrede' betekenis lijkt voor een mannennaam uit die tijd minder waarschijnlijk. Misschien wijst het op 'iemand, die graag toeslaat', in elk geval is het dan een nogal krijgshaftige naam.

Standbeeld met inscriptie gewijd aan de god Friausius.

15. Friausius

Na Friagabis verlaten we Engeland weer, steken de Noordzee over en begeven ons nogmaals naar het vroegere land van de Bataven en een van hun goden wiens naam ons bewaard is gebleven.

Ten westen van Nijmegen, preciezer, bij Ubbergen, werd ook een votiefaltaar gevonden dat uit de Romeinse tijd stamt. Ter aanvulling op de uitleg die in het voorwoord voor het begrip votief werd gegeven ...

Een 'votiefgave' is een offergift en een votiefsteen dus een steen die wordt geofferd. Het begrip altaarsteen in dit verband is niet een stenen tafel of blok waarop spullen gelegd worden voor een ritueel, maar bij votiefgaven is het een bewerkte steen die op een heilige plaats wordt gezet als geschenk voor een god of godin. De meeste ervan zijn klein en smal.

De inscriptie op deze votiefsteen van Ubbergen vermeldt:
DEO MERCURIO FRIAVSIO SIMPLICIUS INGENVS
VOTUM SOLVIT LIBENS MERITO
Vertaald:
Aan de god Mercurius Friausius heeft Simplicius Ingenus zijn belofte graag en met goede reden vervuld.

De naam Simplicius Ingenus betekent waarschijnlijk 'de vrije of vrijgeborene'. Samen met de geaccepteerde zienswijze dat Friausius de Latijnse vorm van een Germaanse godennaam is, leidt dan tot de conclusie, dat de steen werd geofferd door een vrije Germaanse krijger.

De betekenis van de naam van deze god is niet eenduidig vastgesteld, maar in één zienswijze wordt de naam vertaald als 'vrij en waard om te vereren'. In een andere opvatting wordt een relatie gelegd met de Germaanse woorden *frīhals*, dat 'vrijheid' betekent en 'rīhalsjan' dat kan worden vertaald met 'bevrijden', 'ontzetten', 'de ketenen afdoen'.

Dat zou kunnen wijzen op een god die bij een bevrijding helpt.

Maar omdat de eerste letter niet meer duidelijk leesbaar is, kan het ook zijn, dat dat geen F is, maar een 'E'; dat de naam dan dus ERIAUSIUS is. Dat zou dan verband kunnen houden met het Germaanse woord *erila-*, dat 'held' en 'strijder' betekent. Dat kan dan duiden op een krijgsgod of een soldatengod.

Bataafse krijger

16. Gamaleda

We blijven in Nederland en begeven ons wat naar het zuiden. Daar werd een bewijs gevonden voor de godin Gamaleda.

Tijdens de restauratie van een brouwerij in Maastricht werd in 1894 een deel van een votief altaarsteen gevonden, waarvan de inscriptie nog voor een deel leesbaar is.

De woorden van het nog leesbare deel zijn:

AMMACAE SIVE GAMALEDAE … VNDI

Vertaald:

Aan Ammaca of aan Gamaleda …

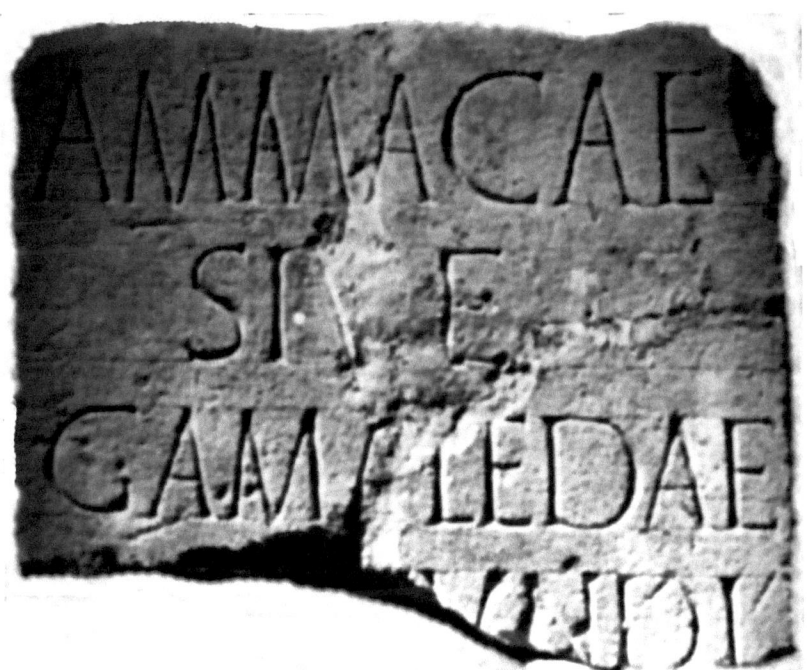

Fragment van een votiefsteen voor de godinnen Ammaca of Gamaleda.

Op grond van zoveel andere inscripties op stenen uit die tijd betreft het hier waarschijnlijk een verzoek of het inlossen van een belofte.

De eerste naam, Ammaca, is met redelijke zekerheid een Gallische naam en de betekenis ervan is: 'zeer eerbiedwaardige moeder'.

Gamaleda is praktisch net zo zeker een Germaanse naam. Het deel *gamal* betekent 'oud'. Het woord 'gammel' (oud, versleten) herinnert nog steeds aan die oude betekenis. Het deel *eda* wordt vertaald als 'eerbiedwaardige of wijze moeder'. De betekenis van Gamaleda wordt dan: 'oude eerbiedwaardige wijze moeder'.

De altaarsteen is dus opgedragen aan een Keltische of een Germaanse godin. Omdat het gebied waar de steen werd gevonden in die tijd een overgangsgebied was, een contactzone van Kelten en Germanen, is zo'n offer niet echt verwonderlijk. Vanwege de manier van formuleren wordt er uitgedrukt dat beide godinnen als gelijkwaardige alternatieven worden gezien. Het is echter ook mogelijk, dat de steen een offer is voor één godin die een Keltische en een Germaanse naam heeft.

In een duidelijk minderheidsstandpunt menen twee Nederlandse deskundigen, dat de twee namen geen godinnen zijn, maar gestorven vrouwen. De steen is in die zienswijze dan een stuk van een grafsteen. Die opvatting wordt echter internationaal verder niet ondersteund.

17. Halamardus

We blijven in de provincie Limburg, maar gaan weer ietsje naar het noorden waar de naam werd gevonden van de god Halamardus.

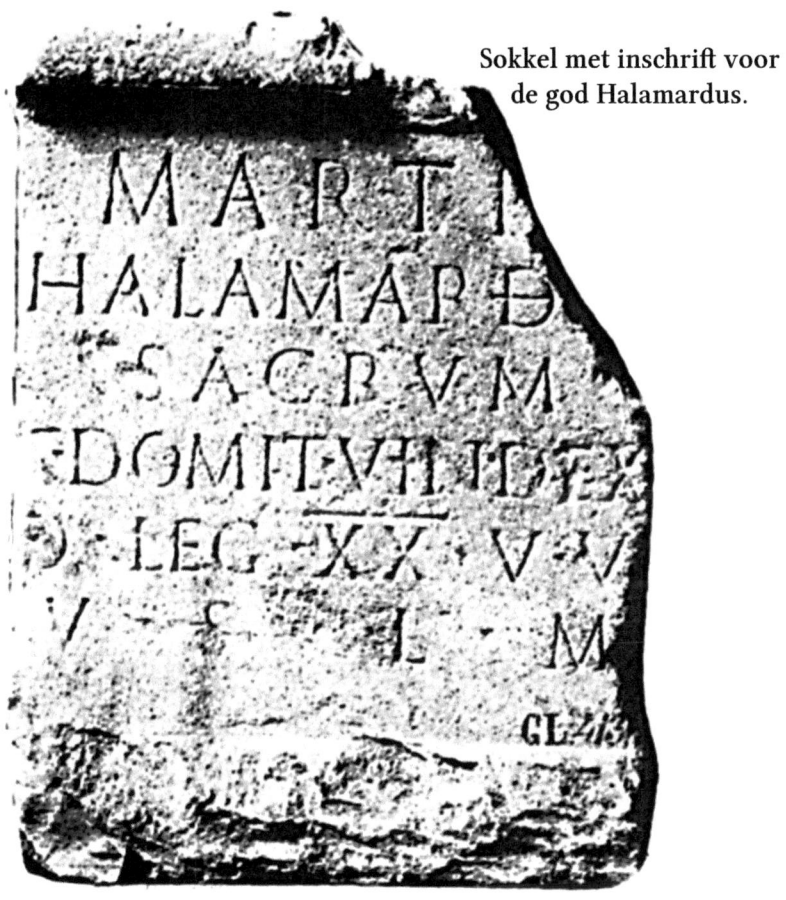

Sokkel met inschrift voor de god Halamardus.

Tot aan het einde van de 19e eeuw was de sokkel van een standbeeld van Mars Halamardus deel van de muur van een kerk in het dorp Horn. Die plaats ligt zo ongeveer in het midden van Limburg.

De tekst op de steen, die uit de eerste eeuw na de tijdwende stamt, bevat de naam van deze god:

MARTI HALAMARDI SACRUM TITUS DOMITIUS VINDEX CENTURIO LEGIO XX. VALERIA VICTRIX VOTUM SOLVIT LIBENS MERITO

Vertaald:

Opgedragen aan Mars Halamardus door Titus Domitius Vindex, legerofficier in het 20e legioen Valeria Victrix, die daarmee zijn belofte graag en terecht heeft vervuld.

Het offer aan Halamardus vond plaats bij de promotie van Vindix tot de rang van Centurio, kort voordat hij werd overgeplaatst naar Deva, het huidige Chester in Engeland.

Er bestaan twee interpretaties voor de naam Halamardus:

Het eerste deel van de naam wordt gerelateerd aan het Germaanse woord *halēþa*, dat held en man betekent. Het tweede deel wordt in verbinding gezien met de Germaanse woorden *marjan*: 'doodslaan' of *murþjan*: 'doden'.

Dat kan worden geïnterpreteerd als 'doder van vijanden' of van 'vijandige mannen'.

De tweede interpretatie legt een relatie met het Germaanse woord *maizōn*, dat betekent verhogen of verbeteren. Daarmee kan de god in verbinding worden gebracht met promotie of het verkrijgen van een hogere positie.

In beide gevallen kan Halamardus worden geïnterpreteerd als 'de zegenrijke'.

18. Magusanus

Na de zegenrijke god Halamardus volgt weer een inscriptie op een votiefsteen die meer godennamen bevat, in dit geval twee, een god en een godin. Deze steen werd gevonden in de buurt van Wijk bij Duurstede in Gelderland en stamt uit de tweede of derde eeuw na de tijdwende.

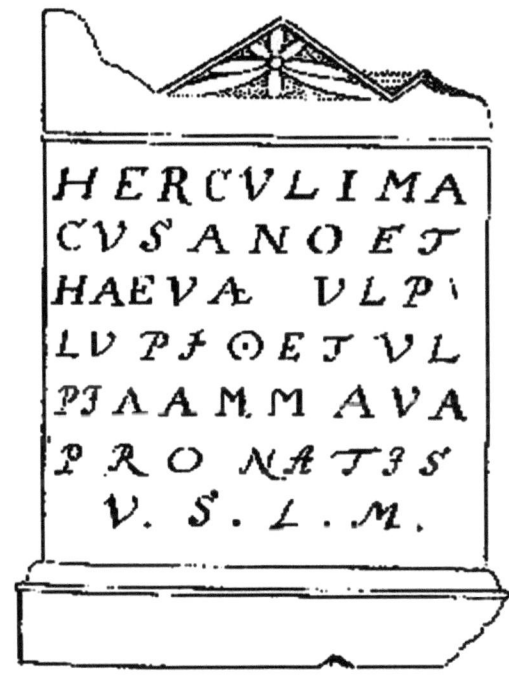

De inscriptie op die steen luidt:
HERCULI
MAGUSANO
ET HAEVA
ULP. LUPIO ET
ULPIA AMMAVA
PRO NATIS
VOTUM SOLVIT
LIBENS MERITO

Vertaald:
Hun gelofte aan Hercules Magusanus en Haeva voor het welzijn van hun kinderen hebben Ulpius Lupio en Ulpia Ammava (met dit altaar) bereidwillig vervuld.

Deze inscriptie is lang niet de enige die de god Magusanus vermeldt. De naam komt op nog ruim 20 andere votief-

59

stenen voor. Zeven ervan werden in Nederland gevonden, vier in Duitsland en de andere in België, Italië, Frankrijk, Engeland, Roemenië en Hongarije. En op de meeste ervan is deze god genoemd, samen met de Romeinse god Hercules. De Romeinen hebben daarmee deze Bataafse god met hun god Hercules gelijkgesteld.

Er werd bijvoorbeeld ook een inscriptie gevonden bij Ruimel, een plaatsje dat ligt tussen Nijmegen en Tilburg.

Votiefsteen voor de god Hercules Magusanus.

Deze votiefsteen vermeldt de inscriptie:
MAGUSANO HERCULI SACRUM FLAVUS VIHIRMA-
TIS FILIUS SVMMVS MAGISTRATVS CIVITATIS
BATAVORUM VOTUM SOLVIT LIBENS MERITO

Vertaald:
Opgedragen aan Magusanus Hercules. Hiermee heeft
Flavus, zoon van Vihirmas, opperste magistraat van
het district van de Bataven zijn gelofte bereidwillig en
terecht vervuld.

Afgaande op de plaatsen waar de votiefstenen voor Magusanus werden gevonden mag worden aangenomen, dat het
een god van de Bataven was. De stenen werden gevonden
in hun thuisland en op veel andere plaatsen waar Bataven
in het Romeinse leger dienden. In Italië waren ze persoon-
lijke lijfwachten van de keizer. Maar het is goed mogelijk,
dat ook andere Germaanse volken deze god kenden, zoals
de Marsakers, de Ubiers en de Cugerners omdat in hun
thuislanden ook dergelijke stenen werden gevonden. Voor
die mogelijkheid bestaan echter geen aanwijzingen.

Er zijn tamelijk veel verklaringen voor de naam bedacht. De
meest aanvaarde is wel een connectie met de Germaanse
woorden *magulaz* en *maglaz*, die 'krachtig' en 'sterk' betekenen. Er bestaat ook ook een soortgelijk Germaans woord
maguzsna dat 'de machtige' betekent. Mogelijk was zijn
Germaanse naam *Magusjaz* of *Magsjaz*, in de betekenis van
de machtige beschermer van het land van zijn vereerders
en een goede goddelijke metgezel in de slag.

Detail van de middeleeuwse 'Peutinger' kaart.
De plaats "Levefanum" bij de pijl bovenaan, een legerplaats voor
Romeins-Germaanse hulptroepen wordt geïnterpreteerd als
'Haevae Fanum', mede omdat het woord Levefanum in het Latijn
geen betekenis heeft

19. Hæva

Hier gaan we even terug naar de inscriptie op blz. 59 waarin Magusanus en Haeva samen worden genoemd en de tekening van de desbetreffende votiefsteen.

De Latijnse naam HAEVA wordt in diverse beschrijvingen tegenwoordig 'vergermaniseerd' tot Hava, Hævae en Hafva.

Op de links afgebeelde oude middeleeuwse landkaart komt zo ongeveer op de plaats waar de altaarsteen werd gevonden de naam LEFEFANUM voor. De naam wordt gezien als een oude verschrijving bij het overnemen van een oudere kaart en wordt geïnterpreteerd als een samengetrokken vorm van de oorspronkelijke naam HAEVA FANUM en dat betekent 'heiligdom van de godin Haeva'. Daarbij wordt ook vermoed dat zich op die plaats een kleine nederzetting bevond van Germaanse hulptroepen van het Romeinse leger. De middeleeuwse kaart is waarschijnlijk een kopie van een Romeinse reiskaart uit de eerste eeuwen na de tijdwende.

Taalkundig wordt de naam van de godin in verbinding gebracht met de Germaanse woorden *heiwa*, *heiwaz*, die wijzen op familieleden, gezin, kostganger. Haeva is daarom vermoedelijk de beschermgodin van gezin en familie.

Omdat die plek tot het gebied van de Bataven hoorde, kan men er van uitgaan dat Haeva een Bataafse godin is.

Tekening van een votiefsteen voor de godin Hludana.

20. Hludana

De naam van de godin Hludana komt voor in inscripties op vijf verschillende altaarstenen. Eén ervan werd in 1888 in een terp aan de Waddenkust bij Beetgum in het noordwesten van Friesland gevonden. Een tweede bij Nijmegen en de andere drie in de Duitse deelstaat Noord-Rijnland-Westfalen. De oudste steen is die van Nijmegen en die kan behoorlijk precies worden gedateerd op het jaar 197. De andere stammen alle uit de tijd tussen de jaren 220 en 235. Drie van de stenen werden geofferd door mannen die in het Romeinse leger dienden, de andere twee waarschijnlijk door burgers.

De inscriptie op de steen van Beetgum luidt:

DEAE HLUDANAE CONDUCTORES PISCATUS MANCIPE QUINTO VALERIO SECUNDO VOTUM SOLVERUNT LIBENTES MERITO

Vertaald:

Hun gelofte aan de godin Hludana hebben de vissers in dienst van Quintus Valerius Secundus gaarne en naar verdienste ingelost.

Vanwege de vondst van deze steen aan de kust werd een tijdlang gedacht, dat Hludana een zee- en visserijgodin was. Omdat de andere stenen veel verder in het binnenland werden gevonden en de inscripties daarvan ook niet op die betekenis wijzen, werd van die duiding afgezien.

De beste verklaring voor de betekenis van de naam Hludana is de verbinding met de Germaanse woorden *hlūda-*, *hlūþaz, hlūþa-, hlūþaz, hlūþam*, die samenhangen met 'geluid', 'luid', 'beroemd' en 'bulderen 'en met de Germaanse woorden *xluđaz*, dat 'beroemd' betekent en *xlūđaz* met als betekenis 'luidruchtig'.

De Germaanse naam van de godin zou goed *Xluđanc* kunnen zijn. De Romeinen hebben dan, zoals zo vaak gebeurde, aan de hand van de uitspraak ervan door Germanen in het Latijn opgeschreven wat ze meenden te horen.

Hludana wordt geïnterpreteerd als een godin die heerst over wind, storm, donder en andere luid klinkende natuurgeluiden.

De inmiddels veelal teruggewezen vergelijkingen van goden uit de eerste eeuwen met goden die we zo'n duizend jaar later uit Scandinavië en IJsland kennen betrekken Hludana daarin ook. Sommigen stellen haar gelijk met de godinnen Holle, Hlóðyn of Jörd. Behalve een lichte overeenkomst in de klank van de woorden bestaan er voor zo'n gelijkstelling echter geen acceptabele redenen.

Een Hludana altaar, gevonden bij Xanten in Duitsland. De inscriptie luidt:
DEAE HLUDANAE SACRUM CAIUS TIBERIUS VERUS
Vertaald: Door Caius Tiberius Verus gewijd aan de godin Hludana.

21. Hurstrga

Bij Kapel-Avezaath in Gelderland werd in 1954 een votief-altaar gevonden dat uit de eerste eeuw na de tijdwende stamt en is gewijd aan de godin Hurstrga.

De inscriptie op deze steen is, zoals bij alle andere ook, in het Latijn geschreven:

DEAE HURSTRGE EX PRAECEPTO ETVS VALERIUS SILVESTER DECURIO MUNICIPII BATAVORUM POSUIT LIBENS MERITO

Vertaald:

In opdracht van de godin Hurstrga heeft Valerius Silvester, voorzitter van de gemeenteraad van de stad van de Bataven, deze altaarsteen graag en met goede reden geofferd.

Die stad van de Bataven, Municipium Batavorum, lag waarschijnlijk op de plaats waar nu zo ongeveer Nijmegen ligt.

De taalkundige betekenis van de naam van de godin is niet definitief verklaard. Er wordt een verbinding gelegd met het Germaanse woord *Hurstrjōn* dat wijst op een horst, een stuk grond met struiken, kreupelhout of een bos erop. Dat zou kunnen passen bij het landschap dat daar destijds was: een stuk begroeid licht heuvelachtig land in een verder tamelijk vlak rivierlandschap. Dat zou kunnen worden geïnterpreteerd als een cultplaats voor een eventuele vruchtbaarheidsgodin.

Een andere uitleg die aanspreekt, wijst op een beschermende

godin die een nederzetting afschermt door een moeilijk doordringbare haag van kreupelhout om een nederzetting.

Votiefaltaar voor de godin Hurstrga.

22. Isenbucaega

Bij Zennewijnen, dat is dichtbij Tiel, werd een altaarsteen uit het jaar 222 gevonden. Deze is gewijd aan de godin Isenbucaega. De naam wordt ook wel geschreven als *Isenburcaga, Bucæga, Bucaga* en *Isenbucæga*.

De inscriptie op de steen vertelt ons:
DEAE ISENBUCAEGA ULPIUS FILINUS PP TRIBU-
NUS LEGINAE XXX U V SEVERIANE ALEXANDRI-
ANE ARAM CUM EDE SUE A SE REFECIT VOTUM
LIBENS SOLVIT MERITO IMPERIO D N SEVERO
ALEXANDRO AUGUSTO CONSULIBUS
Vertaald:
Aan de godin Isenbucæga heeft Ulpius Filinus, stafofficier in het 30ste legioen dit altaar graag en terecht geschonken en eert daarmee de moeder van Severus Alexander in de tijd dat Severus Alexander keizer was en Augustus een consul.

Het altaarfragment is behoorlijk beschadigd. Maar de naam kan deels worden ontcijferd als Isenbucaega, waarbij de eerste drie letters pure interpretatie zijn.

De betekenis van de naam is niet onomstotelijk verklaard, maar er wordt een verbinding gezien met het Germaanse *īsarna-* of *īsana-*, dat 'ijzer' betekent. Dat zou te maken kunnen hebben met het roodkleurige zand dat in die streek werd gevonden dat mogelijk werd veroorzaakt door geoxideerd ijzer (roest).

In een daarmee samenhangende hypothese wordt een plaatsnaam *Isenbuciacum* verondersteld, waar wapens werden gesmeed en de godin zou dan de beschermgodin daarvan zijn. Deze plaatsnaam-hypothese houdt in, dat het achterste deel van die naam Gallisch is, vergelijkbaar met de Latijnse naam *Buciacum*, het huidige 'Boussy Saint Antoine' bij Parijs. Daarmee zou deze godin dan Gallo-Germaans kunnen zijn.

Maar een andere meer overtuigende zienswijze ziet het eerste deel van de naam eveneens verklaard met 'ijzer', maar het tweede gedeelte wordt dan in verbinding gebracht met het Germaanse woord *buga-*. Dat woord betekent 'kelder' of 'gewelf'. Ook wordt het in verband gebracht met het Germaanse *cagjō*, dat 'heg' of 'kaai' betekent. Vergelijk ook het Engelse 'quay' dat ook kade, kaai, wal, aanlegplaats, aanlegsteiger of perron betekent. Dat zou kunnen wijzen op een beschermde opslagplaats voor ijzer of wapens en Isenbucæga kan daarvan de beschermgodin geweest zijn.

Die godin moet in dat gebied op z'n minst enig belang hebben gehad, omdat een hoge Romeinse legerofficier haar een altaarsteen offerde.

Er volgt nu een godin met een bijna identieke naam en er bestaat duidelijke twijfel over één van beide godinnen. Dit wordt nader verduidelijkt in de laatste alinea op bladzijde 74.

23. Seneucaega

Votiefaltaar voor de godin Isenbucaega of (I)Seneucaega.

Hieronder volgt de beschrijving van een altaarsteen met vrijwel dezelfde inscriptie. Er is slechts een kleine variatie op de naam van de godin waar te nemen. Dat deze steen hier wordt genoemd en getoond is niet zonder reden. Het betreft hier de godin Seneucaega. De naam wordt soms ook wel geïnterpreteerd als Seneucaga en Iseneucaega. Omdat de schenker dezelfde man is, stamt de steen vanzelfsprekend ook uit dezelfde tijd, de 1e helft van de 3e eeuw.

De inscriptie:

DEAE SENEUCAEGA ULPIUS FILINUS PP TRIBU-
NUS LEGINAE XXX U V SEVERIANE ALEXANDRI-
ANE ARAM CUM EDE SUE A SE REFECIT VOTUM
LIBENS SOLVIT MERITO IMPERIO D N SEVERO
ALEXANDRO AUGUSTO CONSULIBUS

Vertaald:

Aan de godin Seneucæga heeft Ulpius Filinus, stafofficier in het 30ste legioen dit altaar graag en terecht geschonken en eert daarmee de moeder van Severus Alexander in de tijd dat Severus Alexander keizer was en Augustus een consul.

Het begin van de inscriptie wordt ook wel gelezen als

DEAE SENEUCAEGAE ULFENUS BENEFICIARIUS
TRIBUNI LEGIONIS XXX ....

en dan vertaald als:

Aan de godin Seneucaega heeft Ulpius secretaris van de tribuun van het 30e legioen ...

Dat woord beneficiarius wijst hier op een soldaat met speciale voorrechten die vaak dienst deed als secretaris. Maar in elk geval duidt de inscriptie erop, dat dezelfde persoon beide altaren heeft geofferd. Op zich is dat niet vreemd, want er komen wel meer dezelfde namen op verschillende inscripties voor en de tekst is dan ook vaak bijna gelijkluidend – vaak waren dat standaardteksten.

De Naam 'Ulfenus' kan als Germaans worden geïdentificeerd en de steen werd op Germaans territorium gevonden in het gebied dat de Bataven bewoonden. Juist die Bataven hadden een aantal Keltische gewoonten overgenomen en ook hun taal was er door beïnvloed. Daarom is het niet vreemd, dat er ook in de naam van deze godin mogelijk Keltische taalaspecten voorkomen.

In één zienswijze bijvoorbeeld wordt verondersteld, dat het eerste deel van de naam, SENEU- is afgeleid van het Keltische *sinnju* dat mogelijk wijst op de rivier de Zenne die in dat gebied stroomt. Dezelfde zienswijze ziet in het naamdeel CAEGA het Keltische woord *kagjo*, dat 'kaai' of 'kade' betekent. Dat zou dat moeten wijzen op een godin van de kade van de Zenne, waar schepen hun lading losten.

Een tweede opvatting ziet een relatie met het Germaanse woord *kauga* dat te maken heeft met land dat is ingedijkt of op andere wijze tegen overstroming wordt beschermd.

Een heel andere, derde interpretatie associeert het eerste deel van de naam met het Germaanse woord *sinþa*, dat 'metgezel' of 'reisgenoot' betekent en het tweede deel met het Germaanse woord *karru* dat 'kar' of 'wagen' betekent. Samen kan dat wijzen op een godin, die een reisgezelschap beschermt, dat met een wagen reist, waarin waarschijnlijk goederen liggen.

Alledrie de zienswijzen vallen echter weg, wanneer niet Seneucaega wordt gelezen, maar Iseneucaega. Dan kan het weer met het Germaanse woord *īsarna* of het Keltische *isarno* samenhangen, die beide 'ijzer' betekenen.

In de voorstelling op het altaar, die eveneens bijna identiek is met de afbeelding van het Isenbucaega altaar, is de godin afgebeeld terwijl ze een pijl trekt uit de pijlkoker. Dat kan enerzijds wijzen op een beschermende functie, anderzijds op het 'werpen met ijzer', zoals het schieten met pijl en boog en het speerwerpen wel werd genoemd. Eventueel kan ook nog het smeden van pijlpunten in aanmerking komen.

Er blijft bij de twee godinnen Isenbucaega en Seneucaega echter een duidelijk vraagteken bestaan. De twee op elkaar lijkende inscripties en namen van de godinnen kunnen ook de indruk wekken, dat het in feite maar om één godin gaat en één van de namen een onjuiste interpretatie is. We zullen er wel niet meer achter komen of die indruk juist is.

In elk geval bestaat er voor de godinnen Isenbucaega en (I)Seneucaega slechts één altaar en de mogelijkheid is daarom zeker niet uit te sluiten, dat er ook maar één altaar bestaat; de letter in de inscriptie tussen de N en de V kan een B zijn, maar ook een E.

24. Lobbonus

De naam van deze god komt, evenals enige andere die we al leerden kennen, voor op de stenen tabletten die in 1929 en navolgende jaren werden gevonden bij opgravingen op het Domplein in Utrecht.

De naam Lobbonus komt op die tabletten zelfs meerdere keren voor. Een van de gereconstrueerde inscripties luidt:

DEO LOBBONO COLONIAE ALBIOBOLAE BATA-BORUM. OPTIO BALLISTARIORUM COHORTIS X ALBIOBOLANAE SAGITTARIORUM BATABORUM ARESACUM BRABONUM DEO DDDV

Een poging om dit te vertalen is:

Eerbetoon aan de god Lobbonus van de Bataafse neder-zetting Albiobola. De optio van de 10e afdeling der kruisboog-machine schutters van de Albiobolanische schutters van Aresacum in Brabant eert de god ...

Een 'optio' was een militaire rang die zo ongeveer vergelijk-baar is met een functie tussen die van een sergeant en een luitenant in. Een afbeelding van zo'n Romeinse kruisboog-machine is te zien op bladzijde 130.

Bij de naam 'Albiobola' wordt vermoed, dat het de naam van een Romeinse nederzetting was die zo ongeveer lag op de plaats waar nu Utrecht ligt. En 'Aresacum' is vermoe-delijk de Romeinse naam voor het huidige Aarschot in de Vlaamse provincie Brabant. Maar er bestaan ook andere verklaringen voor die naam.

Voor de naam Lobbonus bestaan drie verklaringen:

- In de eerste zienswijze wordt de naam in verbinding gebracht met de naam 'Lubbe', Germaans *Lübo* en vermoedelijk hangt dat samen met de naam 'Luit' en het Oud-Hoogduitse *liut*: dat betekent 'volk'. Dat zou kunnen wijzen op een 'god van het volk' – dat waren dan de Bataven en eventuele andere volken die Lobbonus vereerden.
En dat laatste is een mogelijkheid, want bijvoorbeeld in het Duitse middelgebergte de Harz bestaat een sage waarin een heidense god wordt vereerd die 'de goede Lubbe' heette en ten oosten van de stad Brunswijk komt een volkssage over een reus die 'Lubbe' heette en waar op een berg 'Lubbestenen' liggen.

- De tweede, minder waarschijnlijke uitleg legt een verband met het Oudengelse woord *lybb* en het Oudnoorse *lyf*, dat dan in dit geval wijst op een 'magische remedie' of een 'magisch geneesmiddel'. Lobbonus is daarbij dan de god aan wie om zulke magische hulp wordt gevraagd bij erge ziekten of wonden.

- En het laatste voorstel is om een connectie te leggen met het Germaanse woord *lubō*, dat liefhebben, begeren en 'azen op iets' betekent. Dat zou kunnen wijzen op een god die op verzoek het voornamelijk seksuele liefhebben begunstigt.

25. Marsaca

In de 18e en 19e eeuw werden enige inscripties op votief-stenen gevonden die zijn opgedragen aan de Marsaca, drie goddelijke moeders. De inscripties spreken daarom ook van MATRES en MATRONAE. Deze stenen werden gevonden in en rondom de Duitse stad Keulen, dat in Romeinse tijd de hoofdstad was was de provincie GERMANIA INFE-RIOR, oftewel 'Beneden-Germanië', waartoe ook het deel van Nederland hoorde dat onder Romeinse heerschappij stond. Daar ook waren veel van de Germaanse hulptroepen gelegerd, tenzij ze voor een opgave ergens anders werden ingezet. Dus ook troepen van volken die hun thuisland bin-nen het gebied hadden, dat wij als Nederland kennen.

De altaarstenen zijn allemaal flink beschadigd. Op een ervan kunnen zelfs alleen maar de twee woorden MATRO-NIS MARSACIS worden gereconstrueerd.

De op de volgende bladzijde afgebeelde steen, die in de buurt van Xanten werd gevonden, heeft deze navolgende inscriptie:

MATRIBUS   BRITTIS   MAXIACIS   LANDAOUS, MILES LEGIONIS TRIOESIMAE ULPIAE VICTRICIS (VOTUM SOLVIT LIBENS MERITO)
Vertaald:
Landaous, soldaat in het 30e Zegerijke Ulpische legi-oen heeft zijn gelofte aan de moeders Brittis Marciacis graag en met goede reden vervuld.

Omdat de inscriptie op het origineel zo slecht leesbaar is geworden, moet er het een en ander worden geïnterpreteerd.

Tekening van een votiefaltaar voor de goddelijke Marsaca moeders.

Deze Matronen worden gezien als de beschermgodinnen van het volk de Marsakers, in het Latijn MARSACI, een Germaans volk dat vermoedelijk ten noorden van de Schelde delta woonde in een gebied dat nu tot Zeeland hoort. Zie het kaartje op bladzijde 9.

Over het woord BRITTIS uit de inscriptie bestaat verschil van mening. Het is mogelijk dat het met de haven daar te maken heeft, die vooral gebruikt werd voor de oversteek naar Brittannië. Een andere mogelijkheid is dat het een godin was die ook de Britten vereerden. We weten het niet. Maar met de Brittenburg, de Romeinse ruïne, die bij Katwijk werd gevonden lijkt een verbinding onwaarschijnlijk: de Romeinen noemden die nederzetting LUGDUNUM BATAVORUM. De naam Brittenburg duikt pas voor het eerst op in de 15e eeuw.

De Marsakers dienden onder andere de Romeinse keizers als gardesoldaten te paard. Daarom is het ook niet vreemd, dat de altaarstenen voor hun stamgodin buiten hun woongebied werden gevonden, zelfs tot in Rome. Op twee stenen in die stad identificeerden ze zichzelf als NATIONE MARSACI. Dat betekent dat ze behoorden tot of geboren stamleden waren van de Marsakers.

Juist zulke elite soldaten konden het zich zeker financieel permitteren genoeg geld uit te geven om zulke altaren te laten maken.

Diederik, zoon van de Friese koning Radboud.
Op de achtergrond Medemblik.

26. Meda

De naam Meda of Mede als naam van een godin kennen we pas uit bronnen van na de middeleeuwen. Uit oudere boeken hebben we alleen aanwijzingen die misschien op een godin Meda kunnen wijzen.

Eén van die werken is de 'Vita S. Willehadi' en stamt uit het jaar 860. Het is een biografie over het leven van Sint Willehadi, een Angelsaksische missionaris die de eerste aartsbisschop van het later zo beroemde klooster van Bremen werd. In dat boek wordt een *medema-hem* (Medema huis of hoeve) genoemd, die in het gebied van de Friezen lag. Een ander document uit 972 registreert een *Medan-heim*. Deze twee namen worden sinds de tijd van de Renaissance in verband gebracht met de godin Meda. Er wordt gespeculeerd, dat het heilige plaatsen van deze godin zouden zijn of tenminste plaatsen waar ze werd vereerd.

En dan is er natuurlijk nog de heel omstreden sage van de stad Medemblik. Daarin wordt verhaald, dat een zoon van de beroemde Friese koning Radboud die in 818 stierf, zich in Noord-Holland vestigde en daar een plaats stichtte die hij naar de godin Meda noemde.

De sage, naverteld:

> Zo rond het jaar 300 na de tijdwende trok Diederik, een zoon van koning Radboud en kleinzoon van Ascon, de eerste hertog der Friezen, samen met vier andere Friese adelszonen naar Noord-Holland en bouwde daar ter ere van de godin

Meda de plaats Medemblik en maakte het tot de hoofdstad van het Friese gewest daar.

Toen Diederik echter in 334 den titel van koning aannam, trok hertog Haron van Friesland tegen hem op, omdat deze niet kon dulden, dat een van zijn voormalige onderdanen een hogere waardigheid zou bekleden dan hij. Diederik moest voor de overmacht buigen, hij werd bedwongen, doch bleef het land bezitten, onder voorwaarde dat hij de vorsten van Friesland als zijn opperheren zou erkennen en nimmer oorlog tegen hen voeren.

In de 11e eeuw kende men de Noord-Hollandse plaatsnaam *Medemalacha*. Die naam wordt al in een document uit 895 wordt genoemd. De naam wees echter toen nog niet op een dorp maar waarschijnlijk op een hoeve of boerderij van enige omvang. Als taalkundige verklaring wordt gegeven:

Het eerste deel van *medemalacha* kan worden herkend in de Germaanse woorden *meda* en *medala*, en betekent 'midden', of 'temidden van'.

Het laatste stuk van deze naam komt van het Germaanse *lagu* en *laku* en is verbonden met het Oud-Hoogduitse *lacha*. Het is nog herkenbaar in het Engelse woord 'lake'. Een echt meer zal dat daar wel niet zijn geweest, eerder een plas of een riviertje in een moerassig gebied. In deze samenhang worden de riviernamen Leek en Kromme Leek genoemd als mogelijke plaatsen voor dat meertje.

Wanneer het eerste deel van deze plaatsnaam echter op de godin Meda wijst, dan zal het waarschijnlijk oorspronkelijk een Latijnse naam zijn geweest, die in de derde naamval MEDEM wordt en dan 'aan of voor Meda' uitdrukt.

In elk geval bestaan er twee interpretaties voor *Medema-lacha*, soms ook geschreven als *Medemelacha*:

- (plaats of plek in) het midden van de plas of omringd door een rivier
- Meda die aan (of in) het meer of de plas woont of 'de godin van het rivierlandschap'.

Martinus Hamconius schrijft in zijn boek 'Frisia' uit 1620 over twee godinnen die Meda en Freda heten en die door Friezen en Saksen zouden zijn vereerd. Uit welke bronnen deze schrijver daarvoor putte is niet bekend. Ook andere oude werken uit de tijd van de Renaissance en erna vermelden deze namen van goden.

In verschillende woordenboeken en lexica die sinds het tijdperk van de Romantiek werden uitgegeven, wordt Meda beschreven als gesluierde vrouw, die gekleed is in landelijke kleding. In haar rechterhand heeft ze enige pijlen heeft en in haar linkerhand een bosje korenaren.

Met Romantiek wordt een cultuurhistorische periode bedoeld, die tegen het einde van de 18e eeuw begon en tot ver in de 19e eeuw duurde. De tijd van Renaissance was nog enige eeuwen eerder.

Er bestaan verschillende pogingen om de naam Meda te verklaren.

- Een eerste suggestie biedt een verband met het Oudfriese woord *mette* dat 'oermoeder betekent.
- Een tweede poging legt een associatie met het Oudfriese woord *mēde* dat weiland, pacht en gift betekent. De term 'mede', 'meet' of het Friese 'miede' is (nog steeds) een stuk grasland dat meestal als hooiland gebruikt wordt.
- En een derde, gewoonlijk afgewezen zienswijze, legt een verbinding tussen 'Meda' en de Scandinavische naam *Mette*, die trouwens ook in het Middelhoogduits voorkomt en 'vrouwelijke krijger' betekent.

De invloedssfeer van Meda gaat in de verschillende bronnen nogal uiteen. Ze wordt daarin beschreven als

- beschermgodin van de vrouwelijkheid;
- de patrones van onschuld en zuiverheid;
- goddelijke beschermster van de maagdelijkheid;
- godin die de mensen die aan het water of de rivier leven beschermt;
- godin van de veeteelt en akkerbouw.

Kies maar uit – geen van de beschrijvingen is overtuigender dan de andere.

Voor zover bekend, heeft de schrijfwijze 'Mede' niets te maken met dat alcoholische honingbrouwsel dat dezelfde naam draagt.

27. Nehalennia

Het is echt verbazingwekkend, dat de naam van deze godin, die in de eerste eeuwen na de tijdwende werd vereerd, in geen enkel document uit die tijd voorkomt. We kennen haar naam pas sinds de 17e eeuw, toen een verbazingwekkende hoeveelheid inscripties in stenen werden gevonden. Ze waren alle afkomstig uit diezelfde eerste paar eeuwen, uit de tijd van het Romeinse Imperium. Die votiefstenen noemen alle de naam van de godin Nehalennia.

Eerst werden in januari van het jaar 1647 op het strand van Domburg in Zeeland een heel stel Nehalennia altaren gevonden, nadat een storm een flinke laag zand van het strand had weggeblazen. En toen haalde een viskotter in 1970 een flink aantal votiefstenen omhoog van de zeebodem op korte afstand van het dorp Colijnsplaat, ook in Zeeland. Eveneens gewijd aan Nehalennia.

Ook enkcle jaren daarna visten vissermannen diverse Nehalennia votiefstenen van de zeebodem.

Samen zijn dat in totaal meer dan 300 altaarstenen. Ze waren deels in stukken gebroken, deels nog in relatief goede toestand bewaard gebleven.

Trouwens, wanneer je nu zou gaan graven op het strand van Domburg, dan zul je vast geen Nehalennia altaar vinden. De kuststrook verplaatste zich sedert de 17e eeuw en waar destijds het strand was staat nu ongeveer twintig meter hoog het water. Het huidige strand is ongeveer 600 meter verwijderd van het strand uit 1647.

Eén van de altaren is hier afgebeeld. De delen met de twee hoorns des overvloed zijn afbeeldingen van de zijkanten van het altaar. De inscriptie vermeldt:

DEAE NEHALENNIAE MARCUS HITARINUS PRI-MUS EX VOTO SUSCEPTO LIBENS MERITO

Vertaald:

Marcus Hitarinus (of: Tarinus) Primus neemt zijn gelofte aan Nehalennia zoals beloofd graag en terecht op zich.

De namen van de schenkers van de altaren in de vele inscripties laten zien, dat Nehalennia werd vereerd door Romeinen, Kelten en Germanen. Ze vroegen vooral haar bescherming bij het oversteken van de Noordzee naar Engeland, teneinde daar handel te drijven en voor militaire zaken. De meeste van hen kwamen uit het Rijnland rondom Keulen, anderen uit Frankrijk en Zwitserland. Slechts enkelen van hen woonden in wat nu Nederland of België is.

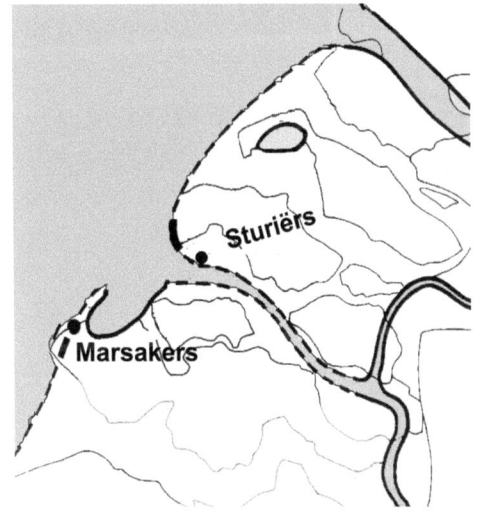

Vermoedelijke woongebieden van de Germaanse volken Sturiërs en Marsakers. Het kaartje geeft de vroegere en de huidige situatie van Zeeland weer. De twee zwarte stippen duiden op havenplaatsen.

De altaarstenen werden gevonden op plaatsen waar in Romeinse tijd twee havens waren en daar stonden ook twee tempels. De lokale bevolking bestond uit de twee kleine Germaanse volken, de Sturiërs en de Marsakers.

De naam Nehalennia is heel waarschijnlijk van het Germaanse oorsprong. Het eerste deel wordt dan ontleend aan het woord *nēhwa*, dat 'dichtbij betekent; het herinnert nog aan het Engelse woord 'nigh'. Voor het tweede deel wordt een verbinding gezien met *lendhā*. Dat is een Germaans woord voor 'water'. En het *-nia* aan het einde is bekend als een Germaanse vrouwelijke vorm. Samen betekent de naam dan: 'zij, die bij het water woont', of, 'zij, die aan de kust woont'.

De kleding die ze op de afbeeldingen draagt is de 'ubische dracht'. Het stamgebied van de Germaanse Ubiërs lag rondom Keulen en degenen die de altaren aan de godin schonken kwamen overwegend ook van daar. De meeste altaren zullen daar dan ook wel zijn gemaakt.

Op basis van de inscripties en de afbeeldingen wordt Nehalennia gezien als een beschermgodin voor reizigers op zee, als een godin die materiële rijkdom begunstigt, als een godin voor vruchtbaarheid in de landbouw en als een godin die de op zee verdronkenen naar hun bestemming in het hiernamaals begeleidt.

Er valt nog veel meer over Nehalennia te vertellen, veel altaren te tonen, nadere informatie over haar vereerders en over de tijd en cultuur van destijds. Daarvoor wordt verwezen naar een boek over Nehalennia dat speciaal op de genoemde en nog andere aspecten ingaat: GardenStone, "Nehalennia, godin van de zeekust", Norderstedt, 2009.

28. Sandraudiga

In 1812 werd in Noord-Brabant, dichtbij Zundert, een votiefsteen gevonden, die is opgedragen aan de godin Sandraudiga. De steen werd gemaakt in de tweede of derde eeuw na de tijdwende. De inscriptie is maar kort:

DEAE SANDRAUDIGAE CULTORES TEMPLI

Vertaald:

Opgedragen aan de godin Sandraudiga door de bewaarders van de tempel.

Enige kleinere archeologische vondsten op dezelfde plaats kunnen er op wijzen, dat deze godin daar inderdaad haar eigen tempel had.

Voor haar naam bestaat nog geen definitieve taalkundige verklaring. In een voorstel wordt het eerste deel in verbinding gebracht met de Germaanse woorden *sanþ* en *sanþalīka* dat 'waarlijk', 'echt' en 'werkelijk' betekent. Het tweede deel hangt in dezelfde zienswijze samen met met Germaanse woorden *auda* en *audaga* en wijst op 'rijkdom', 'goederen', 'bezit', 'succes' en 'fortuin'.

Samen betekent het mogelijk 'de werkelijk rijke' en wijst wellicht op een godin die materieel bezit begunstigt.

Een oudere, alleen maar door enkelen in Nederland ondersteunde opvatting ziet een associatie met de Germaanse woorden *sanda*, dat 'zand' betekent en *rauda* met als betekenis rood. Met die uitleg wordt geprobeerd een verbinding te leggen met de plaats Zandrode, die dan later Zundert zou gaan heten. Dit is echter nogal onwaarschijnlijk. De naam Zandrode komt zo vroeg helemaal niet voor. Pas in de 19e eeuw werd deze Zandrode-Zundert constructie bedacht. Bovendien komt de naam Zundert al in de 12e eeuw voor als *'Sunderda'* – een nog vroegere naam van die plaats is verder niet bekend.

Votiefsteen voor de godin Sandraudiga.

29. Viradecda

In het jaar 1868 werd ten oosten van Utrecht, bij Vechten, een votiefsteen gevonden die was gewijd aan de godin Viradecda. Alweer een godin. Het mag de lezer al wel zijn opgevallen dat er duidelijk meer godinnen zijn dan goden. Datzelfde geldt ook voor het totaal van de rond 270 gevonden Germaanse goden.

De steen stamt uit het einde van de eerste of het begin van de tweede eeuw. Hij heeft als inscriptie:

DEAE VIRADECDI CIVES TVNGRI ET NAVTAE QVI FECTIONE CONSISTVNT VOTUM SOLVERUNT LIBENTES MERITO
Vertaald:

De burgers van Tongeren en de schippers, die in Fectio wonen, hebben hun gelofte aan de godin Viradecda graag en met goede reden ingelost.

Fectio was een Romeins fort met een kleine nederzetting bij Vechten, dichtbij de plek waar de rivier de Vecht zich van de Rijn afsplitst.

De steen werd geofferd door handelaren die afkomstig waren uit het woongebied van de Tungri. Vermoedelijk transporteerden enige Bataafse binnenschippers voor hen tarwe van het stamgebied van die handelaren naar de Romeinse nederzetting bij Utrecht.

Op basis van inscripties op een andere votiefsteen die in Schotland werd gevonden en die ook dezelfde godin en vereerders noemt, wordt aangenomen, dat Viradecda een Tungerse godin is. In die tijd waren Tungerse soldaten in Romeinse dienst in het zuiden van Schotland gelegerd.

De Tungri waren Germanen, die nadat Julius Caesar de Eburonen had verslagen en verdreven, de Rijn overstaken en zich vestigden in het noorden van België en het zuiden van de provincie Noord-Brabant. Net als de Bataven hadden zij waarschijnlijk ook een aantal gebruiken en ook wat van de taal van hun Gallische buren overgenomen.

Voor de naam van deze godin bestaat geen algemeen aanvaarde uitleg, maar enige voorstellen zijn:

- Er wordt een verbinding gelegd met de Germaanse woorden *wēra* en *wǣra*, die waarheid en waarachtigheid betekenen. Dat zou dan moeten wijzen op een godin der waarheid.
- Het wordt geassocieerd met het Germaanse *werada*, dat zoeken, verlangen en mannelijk betekent, mogelijk is het verwant met het Oudengelse *weorod,* dat 'menigte', 'volk' en 'leger' betekent.
- In een derde zienswijze wordt deze godin als goddelijke beschermster van de rivierschippers geïnterpreteerd. Deze opvatting berust op de inhoud van de inscriptie.

Votiefsteen voor de godin Viradecda.

Votiefaltaar voor de godin Mopates.

30. Mopates

Deze godin wordt vanwege de gevonden inscriptie op een votiefsteen met het volk de Nerviërs in verband gebracht. Wellicht zijn sommigen, die de naam van deze godin kennen, wat verrast, omdat ze er vanuit gingen, dat Mopates een Keltische, een Gallische godin zou zijn en dat de Nerviers niet binnen Nederland woonden. Met een aantal andere volken hoorden de Nerviërs tot de Belgae. Julius Caesar meldde, dat de Remi, een ander Belgisch volk, hem hadden gezegd, dat de Belgen vroeger rechts van de Rijn woonden. Daar woonden destijds veel Germaanse volken en tevens een Keltische minderheid.

Uit beschrijvingen van de Griekse geleerde Strabo, die rond de tijdwende leefde, kan worden opgemaakt dat volgens hem de Nerviërs Germanen waren. Hij schrijft in hoofdstuk 3 van het vierde deel van zijn werk Geographia:

Na de Treveri komen de Nerviërs, die ook een Germaans volk zijn.

En de Romeinse geleerde Tacitus schreef aan het einde van de eerste eeuw dat de Nerviërs zichzelf zagen als horend tot de Germanen.

Het woongebied van de Nerviërs liep van Noord-Frankrijk door België en vermoedelijk tot in Zeeuws-Vlaanderen. Dat is nogal een grove aanduiding, maar de grenzen van al die volken daar uit de eerste eeuwen zijn praktisch niet met zekerheid vast te stellen. Het veranderde regelmatig, hele volken migreerden naar andere plaatsen of verdwenen volledig uit de bronnen.

In het verleden werden er nogal wat suggesties naar voren gebracht, die zouden moeten aantonen, dat Julius Caesar, Tacitus en Strabo het alle drie verkeerd zagen en de Nerviërs Kelten zouden zijn. Die zienswijze vindt tegenwoordig nog maar heel weinig ondersteuning.

Aan de Waal bij Nijmegen werd in de tweede helft van de 17e eeuw een altaarsteen gevonden die was opgedragen aan de goddelijke moeders Mopates. De inscriptie op deze uit de derde eeuw stammende steen luidt:

MATRIBUS MOPATIBUS SUIS MARCUS LIBERIUS VICTOR CIVES NERVIUS NEGOTIATOR FRUMENTARIUS VOTUM SOLVIT LIBENS MERITO

Vertaald:

Aan de moedergodinnen Mopates heeft de korenhandelaar Liberius Victor van het volk der Nerviërs zijn gelofte graag en met goede reden ingelost.

De schenker van de steen woonde klaarblijkelijk dichtbij Nijmegen in het land van de Bataven.

Een oude naam voor het Nijmegen uit die tijd was Ulpia Noviomagus Batavorum. De korenhandelaar liet waarschijnlijk graan uit België komen en verkocht het aan het Romeinse leger en aan de burgers van Nijmegen.

Getekende reconstructie van de stad Ulpia Noviomagus Batavorum (Nijmegen), om 160 n.d.tijdwende.

Over de betekenis van de naam Mopates is men het niet eens, maar er bestaan wel een aantal zienswijzen.

- een tamelijk recente en ook de meest overtuigende is een samenhang met het Germaanse woord *mōþa*, dat 'moed', 'doelgerichtheid' en 'in toom houden' betekent. Dat zou kunnen wijzen op godinnen die doorzettingskracht begunstigen.
- Een oudere opvatting ziet een verband met het Keltische woord *moffat*, dat 'bos' betekent.
- Een een derde suggestie, die als onwaarschijnlijk wordt beoordeeld, construeert eerst de niet bestaande alternatieve Keltische naam *map-at-eis*, ziet daarmee dan een relatie met het Gallische woord *mapat*, dat 'kind' betekent en legt daarmee dan een taalkundige link naar de Gallo-Britse god Maponos, dat 'de jonge zoon' betekent.

Het is niet bekend, of de moeders Mopates in het thuisland van de Nerviërs werden vereerd of dat de korenhandelaar aan een drietal lokale Bataafse godinnen uit zijn woonomgeving offerde.

31. Ricagambeda

De naam Ricagambeda komt voor op een votiefsteen die even ten noorden van de Muur van Hadrianus in Schotland werd gevonden. We kennen de naam van deze godin alleen maar van deze ene steen. Dat altaar stamt uit de 2e eeuw. De inscriptie op de steen luidt:

DEAE RICAGAMBEDAE PAGUS VELLAVS MILITARIS COHHORTIS II TUNGRORUM VOTUM SOVERUNT LIBENTES MERITO

Vertaald:

Aan de godin Ricagambeda hebben de krijgers uit het district Vella die dienen in de tweede cohorte van de Tungri hun gelofte graag en met goede reden ingelost.

Dat district Vella was waarschijnlijk deel van het Romeinse administratieve gebied CIVITAS TUNGRORUM. Dat gebied lag in het noordoosten van België en het zuidoosten van Nederland en had de stad Tongeren als centrum. Over het volk de Tungeren werd voorheen bij de bespreking van Viradecda al wat verteld. Dat hoeft hier niet herhaald te worden.

Taalkundigen hebben weliswaar vast kunnen stellen, dat de naam van deze godin Germaans is, maar over de precieze betekenis is men het nog niet eens. Er circuleren wel enige interpretaties.

• Het wordt gerelateerd aan het Germaanse woord

rīkjam, dat regeren, besturen en macht betekent. Dat zou kunnen wijzen op een godin die bestuurders bij hun werk kan ondersteunen.

- In een ander voorstel wordt een connectie gezien met de Germaanse woorden *rīka*, dat heerser, bestuurder betekent en met *beda* en *bedjan* dat 'bede'. 'pleidooi' en 'verlangen' betekent.
  Dat zou kunnen worden geïnterpreteerd als een godin die uitspraken doet over verzoeken die te maken hebben met bestuursmaatregelen. Ook mogelijk is hier een godin tot wiens competentie het behoort om over aan haar gerichte wensen en verlangens te oordelen.

- Een andere uitleg voor deze drie Germaanse woorden berust op de vindplaats, een oorlogsgebied en de woorden worden dan geïnterpreteerd als 'bevelen', 'opdragen', 'aanvoeren' en 'oorlogsvoering'. Daarmee zou Ricamgabeda dan een krijgsgodin voor officieren zijn.

- Weer aan andere suggestie ziet een connectie met het Germaanse woord *reka-* dat 'geordend', 'rechtstreeks' en direct' betekent. Ook dat kan met de strijd te maken hebben, maar mogelijk is dan ook een godin van het voorraadbeheer.

Foto en tekening van een votiefaltaar voor
de godin Ricagambeda.

Votiefaltaar voor de godin Rura. Ter verduidelijking is de naam nagetrokken.

32. Rura

In het zuiden van Nederland, bij Roermond waar in vroeger tijden het riviertje de Roer in de Maas mondde, werd in 1963 een altaarsteen gevonden die gewijd was aan de godin Rura.

Tenminste in dat gebied moet deze godin voor de mensen in de tweede eeuw belangrijk zijn geweest. Op de plek waar dat altaar lag, werden ook restanten gevonden die wijzen op een kleine tempel.

Op de steen is de volgende inscriptie te lezen:

SEXTUS OPSILIUS GEMINUS RURAE VOTUM SOL-
VIT LIBENS MERITO
Vertaald:
Sextus Opsilius Geminus heeft zijn gelofte aan de godin Rura graag en met goede reden ingelost.

In het begin van de achtste eeuw wordt in een geografisch boekwerk een rivier tussen de Rijn en de Maas aangegeven die Rura heet. Dat is haast wel zeker het huidige riviertje de Roer, niet te verwarren met de rivier de Ruhr die in de Duitse deelstaat Noordrijn-Westfalen stroomt en waarnaar het Ruhrgebied is vernoemd.

De naam Rura heeft mogelijk te maken met het Germaanse woord *runsi*, dat 'stroom', 'stroming' en 'loop (van een rivier) betekent.

De godin Rura is daarom waarschijnlijk een riviergodin. Een andere mogelijkheid is dat zij de beschermgodin was van een brug of doorwaadbare plaats daar in de Roer.

De godin Vabusoa, door Pollyanna Jones.

33. Vabusoa

De godin Vabusoa komt voor op de al enige malen genoemde stenen tafelen of tabletten die in Utrecht werden gevonden.

Het gedeelte van de inscriptie waarin Vabusoa voorkomt, luidt:

... VABUSOAE DEO LOBBONO BORUOBOENDOAE
VOTA SOLVERUNT ANIMO LIBENTES
Vertaald:
... de beloftes aan de godin Vabusoa, de god Lobbonus en de godin Borvoboendoa werden uit vrije wil van harte ingelost.

Een recent gedicht over Vabusoa:

Ze is een wesp die weeft
en ons met haar web omgeeft
de vijandige bezoeker
wordt daarin vastgekleefd.
Het is haar valstrik, een val
ze beschermt ons hier en overal.

Wij horen tot
de Batavieren
en wonen tussen
de rivieren.
Ons dorp ligt daar,
het is slechts klein
omgordt door

Vabusoa's webgordijn.
We willen vredig leven, maar
bij een bedreiging staan we klaar,

Samen met onze godin die ...

is een wesp die weeft
en ons met haar web omgeeft
de vijandige bezoeker
wordt daarin vastgekleefd.
Het is haar valstrik, een val
ze beschermt ons hier en overal.

Onze kudden zijn groot
en de oogsten rijk
gastvrijheid beleef je
hier in de praktijk
Wij handelen eerlijk
zijn trouw aan ons woord,
Het leven wordt hier
maar zelden verstoord,

Dankzij onze godin, die ...

is een wesp die weeft
en ons met haar web omgeeft
de vijandige bezoeker
wordt daarin vastgekleefd.
Het is haar valstrik, een val
ze beschermt ons hier en overal.

de bomen hoog
en groen het veld,
op ons vlakke land
zijn wij gesteld.
Welkom de vriend,
de vijand vermijdt
ons dorp en
houdt zich gedijt,

want hij kent onze godin, die ...

is een wesp die weeft
en ons met haar web omgeeft
de vijandige bezoeker
wordt daarin vastgekleefd.
Het is haar valstrik, een val
zc beschermt ons hier en overal.

GardenStone

In het gedicht wordt over een wesp gesproken die een web
weeft. Dat klinkt natuurlijk merkwaardig, want een wesp is
geen spin. Dat is een stukje dichterlijke vrijheid, die werd
gebruikt om de twee mogelijke taalkundige interpretaties
voor de naam van de godin samen te voegen:

De eerste mogelijkheid is een connectie met de Germaanse woorden *wabesa* en *wabsa*, die als betekenis hebben 'wesp' en 'weven'.

De tweede mogelijkheid is een verbinding met de Germaanse woorden *wabja* en *vabjaz*, waarmee een 'web' of
'iets dat is geweven' wordt bedoeld.

Beeldje van de god Weda, bewaard gebleven
in de Mariakerk in Utrecht.

34. Weda

Tot aan de periode van de Renaissance kenden we deze naam niet als die van een god. Totdat dan in de tweede helft van de 16e eeuw twee kleine beeldjes aan het daglicht kwamen. Deze waren bewaard gebleven in de Mariakerk in Utrecht. Deze werden geïnterpreteerd als twee goden-beeldjes. Over eentje ervan hadden we het al. Dat was de godin Fosta. Het andere beeldje zou de Friese god Weda moeten voorstellen. Beide zouden rond het jaar 800 vanuit het noorden naar Utrecht zijn gebracht op bevel van de bis-schop van Utrecht die zelf van Friese afkomst was.

In literatuur vanaf de 17e eeuw wordt Weda enige malen samen genoemd met een Friese krijgsgod Freda. Daarin wordt aan beide goden het krijgshandwerk toegeschreven. Daarop gebaseerd is dan de veronderstelling, waarvoor verder in het geheel geen aanwijzingen bestaan, dat Weda en Freda één en dezelfde god zou zijn. Als alternatief wordt nog een goddelijke tweeling voorgesteld. Het is allemaal nogal vaag gespeculeer en vergezocht.

Maar wanneer tenminste wordt aangenomen, dat Weda inderdaad een Friese god is, volgt natuurlijk ook een poging de naam taalkundig te verklaren.

De naam wordt dan in verband gebracht met de Oud-friese woorden *wedd* en *wed*, die wijzen op de begrippen 'eed', 'belofte', 'toezegging' en 'garantie', mogelijk vergelijk-baar met het Engelse woord 'wedding' – huwelijk; Ouden-gels *wéddian* en *wéddung*: 'beloven', 'zich verloven', 'in het huwelijk treden'. Weda wordt dan geïnterpreteerd als een god die het toezicht heeft op eden en afspraken.

In historische boeken uit de 19e eeuw wordt de naam Weda voorgesteld als de Friese vorm van het Saksische Wodan. Hiervoor bestaan geen etymologische aanwijzingen. Het berust alleen maar op de algemene aanname, dat die Friezen de god Wodan ook moeten hebben vereerd. Zo vanzelfsprekend is dat helemaal niet. Maar wanneer de Friezen dan inderdaad Wodan zouden hebben vereerd, dan vermoedelijk onder de Oud-Saksische naam Wodan of een daarop lijkende vorm – tenslotte waren Saksen en Friezen lange tijd buurvolken wier talen vroeger niet echt zo heel veel van elkaar verschilden.

Schilderij van de Mariakerk in Utrecht uit de 18e eeuw. De kerk werd in de 19e eeuw afgebroken.

35. Frisava

Deze moedergodinnen kennen we van een inscriptie op een votiefsteen die vermoedelijk uit de 3e eeuw stamt.

In de diverse literatuur waarin deze Frisava moeders worden genoemd, is nergens een foto of een tekening van de steen opgenomen. Alleen bestaan er af en toe beschrijvingen hoe de sterk beschadigde steen eruit zag. De steen werd al in de 15e of 16e eeuw gevonden net over de grens met Duitsland, bij Wissen, een plaats zo op de hoogte van Xanten.

De overleverde inscriptie op de steen is eveneens beschadigd en nog maar deels te lezen:

MATRIBUS FRISAVIS PATERNIS
Vertaald zou dat kunnen zijn:
Aan de vaderlijke frisiavische moeders.

Een interpretatie hiervan is:
Aan de goddelijke moeders van de Frisiavische voorouders.

De Latijnse naam van deze godinnen wordt gezien als een vertaling uit het Germaans en er bestaat brede overeenstemming, dat de naam wijst naar het Germaanse volk de Frisiavones; ook wel geschreven als Frisiavi en Frisaevones. Deze godinnen worden dan opgevat als de goddelijke stammoeders.

Hoewel vooral binnen Nederland wordt aangenomen, dat deze naam naar de Friezen wijst, is die opvatting omstreden. Een andere opvatting is, dat de Frisiavi een ander Germaans volk is, dat door de Romeinen werd benoemd naar de landstreek waar ze woonden. Ze waren daarmee de directe zuiderburen van de Bataven. Ook een werk uit de Romeinse tijd onderscheidt de Friezen en Frisiavonen van elkaar.

De Romeinse geleerde Plinius de Oudere, die in de 1e eeuw na de tijdwende leefde, schreef in zijn encyclopedie:

> **In de Rijn ligt het heel beroemde eiland van de Bataven en de Kananefaten, en nog andere eilanden waarop Friezen, Chauken, Frisiavonen, Sturiers en Marsakers wonen.**

Zoals dat wel vaker het geval is, wordt door degenen die in de Frisiavones Friezen menen te zien dan beweerd, dat de Romein Plinius het bij het verkeerde eind heeft. Dat is wel de gemakkelijkste manier om je eigen gelijk door te zetten.

Deze hele interpretatie van de inscriptie op de votiefsteen bevat echter een duidelijk vraagteken. De eerste letter van de inscriptie was niet duidelijk te lezen, deze werd dan geïnterpreteerd. In plaats van een F aan het begin, zou het ook een T kunnen zijn, en dan zou de naam Trisava worden en helemaal niet op een volk of stam wijzen. In dat geval wordt de naam geassocieerd met het Germaanse woord *triu*, dat 'boom', 'bos' en 'jeneverstruik' betekent; zie ook het Engelse woord 'tree' (boom). Dat kan dan wijzen op een beschermgodin voor een bos in de buurt van de vindplaats, waar misschien veel jeneverbesstruiken stonden.

36. Hananefta

De goddelijke moeders Hananefta worden eveneens opgevat als de beschermgodinnen van een Germaans volk. Ze
worden op een votiefsteen genoemd, die werd gevonden
bij Manchester in Engeland. De steen met inscriptie stamt
waarschijnlijk uit de 2e eeuw.

De naam Hananefta wordt vaak in verband gebracht met
de Cananefaten, een klein Germaans volk dat in het westen
van Nederland woonde.

De inscriptie op de steen vertelt ons:

DEABUS MATRIBUS HANANEFTIS ET OLLOTOTIS
AELIUS VICTOR VOTUM SOLVIT LAETUS LIBENS
MERITO

Vertaald:

Aan de moedergodinnen Hananefta en (de moedergodinnen) Ollotota heeft Aelius Victor zijn gelofte graag,
met blijdschap en terecht ingelost.

Aelius Victor was vermoedelijk een officier bij Romeinse
hulptroepen die ten tijde van de schenking van de steen,
gelegerd waren in de Romeinse legerplaats MAMUCIUM
dat bij Manchester lag.

Omdat Hananefta wordt geïnterpreteerd als de stamgodin van de Cananefaten, kwam die Aelius Victor waarschijnlijk uit de Rijn-regio waar dat volk woonde.

Over de Latijnse naam van deze godinnen is al enige
eeuwen gesproken en er werden meerdere suggesties geuit.
Een recente zienswijze veronderstelt, dat de mensen die in

Hananefta votiefsteen.

dat gebied woonden voordat de Cananefaten er kwamen, aangeduid werden met de Germaanse term *kannīnones* – vertaald zijn dat de 'look-mensen'. Denk hierbij aan de planten die look heten (een oud woord voor 'ui', het is ook een verkorte vorm van knoflook). Toen kwam er een nieuwe groep in dat gebied die de bestaande bevolking overheerste, zij werden de meesters – Germaans: *faþi*.

Kannīnones en *faþi* zou vervolgens door de Romeinen tot Cananefates zijn gevormd – de look-meesters.

De verbinding van de Hananefta moeders met de Cananefaten is niet onomstotelijk te bewijzen. In een andere opvatting wordt die connectie niet gelegd. Hier wordt het eerste deel van de naam geassocieerd met het Germaanse woord *þana-*, dat 'daar vandaan' of 'van daar' betekent'. Het tweede deel wordt verbonden met het Germaanse woord *neftiz*, dat wijst op 'familieleden' en 'nakomelingen'. In dat geval zou Hananefta dan kunnen wijzen op moedergodinnen die de thuisgebleven familieleden moeten beschermen – typisch iets voor iemand die inderdaad ver van huis is.

114

37. Cobba

Een laatste keer wordt nu weer teruggegrepen op de stenen tabletten die in 1929 in Utrecht werden gevonden.

Op de inscripties die daarop werden ontcijferd, komt ook nog de naam voor van de godin Cobba. De inscriptie luidt:

VOTIS SUSCEPTIS LIBENTES P POSUERUNT COLONIA SUDOBEBA BRABONUM LOBBONO ALBIOBOLAE GENIO SANCTO LIBENS ANIMO VOTUM SOLVIT DEABUS BORVOBOEDOAE COBBAE ALBIOBOLAE BATAVORUM POSUIT

Een poging tot vertaling hiervan:
> Overeenkomstig hun gelofte wijden de in Albiobola woonachtige leden van de Sudobische nederzetting in Brabant dit aan de beschermgod Lobbonus en lossen met blijdschap hun gelofte in aan de godinnen Borvoboedoa en Cobba in het Bataafse Albiobola.

Voor de naam van deze godin bestaat nog geen breed geaccepteerde duiding. Over de verschillende suggesties die er bestaan zijn wordt nog af en toe gediscussieerd. Desondanks bestaat er grote overeenstemming over dat de naam Germaans is. Dat wordt onder andere aanvaard omdat de naam Cobba al sinds de vroege middeleeuwen is opgetekend als een vrouwennaam uit het noordwesten van Duitsland.

- In een eerste oudere suggestie wordt de naam geassocieerd met de IJslandse woorden *kubbi* en *kubbr*, dat boomstomp en blokkeren of afsperren betekent. Dat zou misschien kunnen wijzen op een godin de de versperring of het hek om een grondstuk in de gaten houdt tegen onwelkome bezoekers. Maar waarschijnlijk is deze zienswijze niet en wordt daarom ook nauwelijks ondersteund.

- Een tweede voorstel is om de naam van de godin in verband te brengen met de Germaanse woorden *kubbō*, *kubbōn*, en *kubba*, dat wijst op begrippen als 'iets laten golven', 'een welving aanbrengen', en 'iets buigen'. Dit wordt dan in samenhang gezien met het Oud-Hoogduitse woord *kuppa*, en dat is een bepaald golvend kapsel voor vrouwen. Haar en kapsel, vermoedelijk speciaal van vrouwen, worden dan gezien als de competentie van de godin Cobba.
- Verder wordt hier ook het Germaanse woord *kupa* of *kuppa* in het spel gebracht, die o.a. 'beker', 'kuip' en 'vat' betekenen - eveneens gebogen voorwerpen.

Twee andere ideeën zijn om de godin in verband te brengen met een rond brood en met een zilvermeeuw. Die worden verder zowel inhoudelijk als ook taalkundig niet verder onderbouwd.

38. Coventina

De reis gaat weer naar het noorden van Engeland, om precies te zijn weer naar de beroemde Muur van Hadrianus. Dat is een versterkte grenslinie die in de 2e eeuw op bevel van de Romeinse keizer Hadrianus werd gebouwd. Bij een legerplaats voor Romeinse hulptroepen bij de muur werden tenminste twaalf altaarstenen gevonden, die waren gewijd aan de godin Coventina.

En juist omdat daar op die plek zoveel altaren voor deze godin werden gevonden, heeft men lange tijd gedacht, dat ze een Britse, een Romeins-Britse of een Keltische godin zou zijn. Bij nadere bestudering van veel van de inscripties wordt dat nu in twijfel getrokken. Een Germaanse godin wordt als een realistische, zelfs waarschijnlijkere mogelijkheid gezien. Veel van de altaren werden namelijk geschonken door mensen van Germaanse volken die vooral in het gebied woonden, dat nu Nederland en België is. Juist in de tijd dat die altaren werden gemaakt en geschonken, waren in dat Romeinse fort daar, dat PROCOLITA heette, groepen soldaten gelegerd van de Bataven, de Tungri, de Friezen en de Cugerners.

Twee altaren werden geschonken door twee verschillende commandanten van Bataafse legereenheden. Een ander altaar kwam van een sergeant in een Friese legerafdeling. Een volgend altaar kwam van een groep soldaten die tot het Germaanse volk van de Cugerners hoorden. Hun woongebied lag waarschijnlijk ten oosten van dat van de Bataven. Meerdere andere altaren kwamen van mensen die de naam

Votief altaarsteen voor de godin Coventina.

GERMANUM droegen en vermoedelijk eveneens van Germaanse afkomst waren.

De inscriptie op het afgebeelde votiefaltaar luidt:

DEAE COVVENTINAE T D COSCONIA NVS PR
COH I BAT L M
Dit wordt vertaald en geïnterpreteerd als
   Aan de godin Coventina heeft Titus D Cosconianus,
   prefect van het eerste cohorte van de Bataven deze
   steen uit vrije wil en met goede reden opgedragen.

Het is goed mogelijk, dat deze godin door die verschillende Germaanse volken werd vereerd in hun woongebieden. Een andere mogelijkheid is, dat ze een lokale godin vereerden en haar daarmee opnamen in hun eigen Germaanse godenwereld. Dan zou ze dus een Brits-Germaanse godin zijn. In dat geval zouden die Germaanse soldaten de Romeinse manier hebben overgenomen om zoiets te doen.

Omdat deze godin in verschillende inscripties ook met de uitdrukking 'nimf' wordt aangeduid, wordt Coventina in verband gebracht met water. Dat zou inderdaad goed passen bij de vindplaats van de meeste offers, een ommuurde plaats die waarschijnlijk was gebouwd om uitstromend water van een bron in te perken. Sinds de 19e eeuw wordt die plaats daar 'Coventina's Well' genoemd.

Voor de betekenis van de naam van deze godin bestaat nog geen overtuigende uitleg. Verschillende gedachten hierover zijn:

- Coventina wordt in samenhang gezien met de Germaanse woorden kaupjan: 'kopen' of 'handelen' en tehwa: 'groeperen', 'opslaan', 'ordenen' en met tehwōn: 'plaats', 'overleggen'.
  Dan zou dan samengenomen kunnen wijzen op een beschermgodin van een marktplaats.
  Bij deze uitleg worden ook nog de twee Latijnse woorden CUM VENDERE betrokken, die ook op het verkopen van iets kunnen wijzen.

- In een andere suggestie wordt een link gelegd met het Latijnse begrip CONVENTUS en het Indo-Europese *koupos*. Beide woorden hebben als betekenis 'een bijeenkomst', 'een samenkomen', 'een groep', 'een gemeenschap' en 'een troep' In dit geval kan dat wijzen op een beschermgodin van de Germaanse hulptroepen die zo'n troep vormden.

Als onwaarschijnlijk worden duidingen afgewezen die een godin interpreteren voor de twee riviertjes 'Con' en 'Went' die niet zo ver verwijderd van de vindplaats van de stenen stromen, en de uitdrukking 'gover' uit het veel zuidelijker gelegen Wales dat duidt op een beekje.

't Is allemaal magertjes. Coventina blijft een raadselachtige godin.

39. Deusoniensis

De naam van de god Deusoniensis kennen we niet van votiefstenen maar van oude munten. In de meeste gevallen wordt hij daarop 'Hercules Deusoniensis' genoemd. Dat wijst op de gelijkstelling van deze Germaanse god met de Romeinse god Hercules, een gebruik dat de Romeinen vaak hanteerden wanneer ze in aanraking kwamen met goden van andere volken. Deusoniensis komt op munten voor die werden uitgegeven tijdens de regeringsperiode van de zogenaamde barakkenkeizer Posthumus. Deze had een greep gedaan naar de macht van het noordelijk deel van het Romeinse Imperium en daarover in de 2e helft van de derde eeuw veertien jaar lang heerste.

Er bestaan verschillende zienswijzen over hoe de naam van deze god zou moeten worden geïnterpreteerd.

In een eerste opvatting wordt een relatie gezien met de Noord-Brabantse plaats Diessen. Daarbij wordt verondersteld, dat de Romeinse naam voor die plaats DEUSONE of DEUSO zou zijn geweest. Voor die veronderstelling bestaan echter geen acceptabele aanwijzingen. Een plaats daar uit Romeinse tijd met die naam is niet bekend.

Een tweede opvatting legt verband met de twee rivieren Dieze en Dommel in Noord-Brabant. Dat net van rivieren zou in Romeinse tijd 'deusone' hebben geheten. Ook hiervoor is geen direct of indirect bewijsmateriaal bekend.

En de derde, waarschijnlijk acceptabeler zienswijze ziet een verband tussen de Latijnse naam Deusoniensis en de Germaanse woorden *deuza*, dat 'wild betekent en *deuzalīka*, dat 'gedurfd' en 'moedig' betekent. Dat zou dan op een oorlogsgod kunnen wijzen.

Vermoedelijk was Posthumus van nederige Bataafse afkomst en had hij zich in het Romeinse leger opgewerkt tot een hoge positie. Voordat hij zichzelf tot keizer uitriep was hij in Romeinse dienst langere tijd gestationeerd in het land van de Toxandriërs, een Germaans volk wiens thuisland een deel van Noord-Brabant en Noord-België omvatte. De god Deusoniensis zou daarom een Toxandrische god kunnen zijn.

Omdat archeologische vondsten bij de Duitse stad Krefeld er waarschijnlijk op wijzen, dat daar een tempel stond van Deusoniensis, is het mogelijk, dat deze god door meer Germaanse volken werd vereerd – hierbij wordt gedacht aan de Cugerners en de Ubiërs.

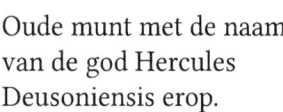

Oude munt met de naam van de god Hercules Deusoniensis erop.

40. Exomna

Exomna is een godin, die lange tijd als Gallisch werd gezien, maar tegenwoordig toenemend toch eerder als een Gallo-Germaanse of zelfs Germaanse godin wordt geïnterpreteerd.

Votiefaltaar voor de godin Exomna.

Bij Alem in Gelderland, tegenwoordig deel van de gemeente Maasdriel, werd een votiefsteen gevonden die zo ongeveer uit de tijd tussen 150 en 300 stamt. Het altaar is opgedragen

123

aan de godin Exomna, zoals uit de inscriptie blijkt:

DEAE EXOMNAE ANNIUS VITALIS VOTUM SOLVIT
LIBENS MERITO

Vertaald:

Annius Vitalis heeft zijn gelofte aan de godin Exomna
uit vrije wil en met goede reden ingelost.

Het gebied waar het altaar werd gevonden was in de eerste eeuwen het woongebied van de Bataven. Maar omdat dit volk bepaalde gebruiken en ook wat van de taal van de Kelten had overgenomen, is het niet vreemd, dat een van de verklaringen voor de naam van deze vermoedelijk Bataafse godin een afleiding uit het Keltisch is.

Er wordt dan een verband gezien met de Keltische woorden *obnos* en *omnos* die met 'angst' te maken hebben. Exomna wordt dan geïnterpreteerd als 'zij, die zonder vrees is' of 'de moedige'. En gebaseerd op deze zienswijze wordt Exomna als een krijgsgodin gezien, die kon aansporen om moedig en zonder angst de strijd in te gaan.

De invloed van de Keltische taal bij de Bataven wordt trouwens onderstreept door de oude naam voor hun belangrijke stad 'Noviomagus' (Nijmegen). De Keltische woorden *novio*: 'nieuw' en *magos*: 'marktplaats' of 'vlakte' zijn daarin te herkennen. Later werd de naam van die stad wat langer. Het werd 'Ulpia Noviomagus Batavorum'.

Een andere zienswijze ziet in de Latijnse naam van de godin een associatie met het Germaanse woord *euþu*, dat 'kind' en 'nakomeling' betekent en Exomna zou dan een godin kunnen zijn die waakt over de kinderen.

41. Harimella

Voor de laatste keer steken wordt de Noordzee weer over-gestoken en begeven we ons naar het zuiden van Schotland. Even ten noorden van de Muur van Hadrianus stond bij de huidige plaats Birrens vroeger het Romeinse fort BLATOBULGIUM. Daar werd een altaarsteen gevonden, die is opgedragen aan de de godin Harimella:

Votiefaltaar voor de godin Harimella.

DEAE   HARIMELLAE   SACRUM   GAMIDIAHUS
ARC(ITEUTUS) V(OTUM) SOLVIT LIBENS MERITO
Vertaald:

> Opgedragen aan de godin Harimella. De architect
> Gamidiahus heeft zijn gelofte vrijwillig, blijmoedig en
> met goede reden ingelost.

De interpretatie om in de Latijnse tekst het beroep architect
te lezen is omstreden. Alleen de eerste drie letters staan er
en die kunnen ook anders worden geïnterpreteerd, zoals
ARC(ARIUS) = 'penningmeester', 'kassier'
AR(MORUM) C(USTOS) = 'wapensmid' of 'hoeder van
de wapens'

Uit oude Romeinse documenten blijkt, dat in die tijd in dat
fort Blatobulgium een legereenheid van Romeinse hulptroepen was gelegerd. Dat waren krijgers van het volk van
de Tungri. Daarom mag ook wel worden aangenomen, dat
de schenker van het altaar een van hen was en dat daarom
Harimella vermoedelijk een Tungerse godin is.

Ook in de taalkundige verklaring van de naam komt die
Germaanse herkomst tot uitdrukking.

De naam wordt in relatie gezien met de Germaanse
woorden *harja*, dat 'leger' betekent en *malla* of *madla*, dat
'verzamelplaats' en 'gerechtshof' betekent. *Harimapla* is
een verzamelplaats voor een legereenheid of een leger.

Hiermee samenhangend wordt ook een verband gezien
met het Germaanse woord *Harjamaklön* dat duidt op een
legerkamp.

42. Ahuardua

We blijven bij de Muur van Hadrianus, maar gaan alleen wat naar het zuiden door een poort in die muur en komen weer in het noorden van Engeland. Dichtbij de muur stond het Romeinse fort Vindolanda waar een tweede legereenheid met mannen van de Tungri was gestationeerd. Daar werd een altaarsteen voor de godin Ahuardua gevonden die waarschijnlijk uit de eerste eeuw afkomstig is. Die tijdinschatting is gebaseerd op de naam van het Germaanse volk dat in de inscriptie voorkomt; deze waren daar in die eerste eeuw na de tijdwende.

AHUARDUAE DEAE COHORS TUNGRORUM MIL-
LIARIA EX VOTO POSUIT
Vertaald:
> Voor de godin Ahuardua van de duizend man sterke
> Tungrische eenheid vanwege de gelofte die ze hadden
> afgelegd.

Zoals te zien is op de afbeelding op de volgende bladzijde moet de inscriptie van het fragment van de steen worden geïnterpreteerd.

Een afdoende taalkundige verklaring voor de naam van deze godin is nog niet bekend, maar er bestaan wel verschillende voorstellen.

Een eerste suggestie legt een verband met het Germaanse woord *ahwjan* dat 'zien' betekent. Mogelijk wijst het op een godin die het verkennen of onderzoeken van het gebied of land ondersteunt. Dat zou in elk geval wel bij de situatie van het moment passen. De Tungrische legereenheid was op die plaats de eerste groep en zij bouwden daar de leger-plaats. Eerst was deze helemaal van hout – het was voor de Romeinse soldaten en hulptroepen nog in grote mate onbekend gebied.

Een tweede poging tot verklaring legt een associatie met het Germaanse woord *badwō* en het Gotische *badu-* dat 'vechten' en 'gewapend conflict' betekent. Ahuardua wordt hier geïnterpreteerd als een godin die een guerrilla oorlog of het verkennen van vijandelijk gebied begunstigt.

Fragment van een votiefaltaar voor de godin Ahuardua.

Nawoord en dank

"Waarom komt Wodan niet voor in dit overzicht van goden", zou een voor de hand liggende vraag kunnen zijn. Het antwoord daarop is, dat voor Wodan gewoon geen bewijzen werden gevonden voor een verering binnen Nederland of Vlaanderen. Er bestaan acceptabele aanwijzingen voor een verering van Wodan in het noordwesten van Duitsland en in Engeland. De Nederlandse Wodansdag, de woensdag, is waarschijnlijk vanuit Noord-Duitsland hier gekomen – in een tijd toen er nog geen duidelijke grenzen tussen de huidige landen bestonden.

Er bestaan wel een heleboel speculaties over het een mogelijke verering van Wodan in Nederland of Vlaanderen, maar die steunen niet op duidelijke aanwijzingen voor zo'n verering hier; over de misgrepen van interpretaties van plaatsnamen in dit verband is het een en ander na te lezen in GardenStone's "Het Mercurius – Wodan complex".

Dezelfde vraag kan ook voor andere goden of godinnen opkomen en dan geldt een soortgelijk antwoord.

Relativerend moet daar echter direct aan worden toegevoegd, dat de in dit boekje voorgestelde goden niet de ultieme lijst vormt. Op volledigheid wordt dan ook zeker geen aanspraak gemaakt.

Dank gaat uit naar Fred de Vries, zelf ook auteur, die in de eerste versie van de tekst voor dit boekje flink wat grammticale veranderingen voorstelde en spellingsfouten verbeterde. Fred is, onder andere, schrijver van een succesvolle thrillerserie die op het Nederlandse Waddeneiland Vlieland gesitueerd is. De eerste twee delen zijn 'Lange Schaduwen' en 'Stille Wateren'.

Tevens wil ik degenen 'bedanken', (namen kan ik hier beter niet noemen), die mij er met hun volharding toe brachten mijn aanvankelijke weigering de tekst van de oorspronkelijke lezing tot een boekje om te werken te heroverwegen. Zij hebben tenslotte dus toch hun zin gekregen.

Romeinse kruisboog-machine.

Bronnen

Illustraties

Verreweg de meeste illustraties werden overgenomen uit het tweedeling werk: GardenStone, "Gods of the Germanic Peoples – From Roman Times to the Viking Age", Norderstedt, 2014. In deel twee daarvan worden op bladzijde 606ff. de bronnen genoemd voor de in dat werk opgenomen afbeeldingen.

De bronnen voor de andere illustratie zijn:

Blz. 4: Roymans, Nico, Derks, Ton, Heeren, Stijn, (red.), Een Bataafse gemeenschap in de wereld van het Romeinse rijk, Utrecht, 2007, blz. 94.

Blz. 26: Provinciaal Utrechts Genootschap van kunsten en wetenschappen, Opgravingen op het Domplein te Utrecht, wetenschappelijke verslagen IV. De opgravingen in juli 1935. Haarlem, 1938.

Blz. 34: https://commons.wikimedia.org/wiki/File:Hadrians_Wall_map.png. Dit kaartje werd vrijgegeven onder de GNU Free Documentation licensie, Versie 1.2 en online geplaatst door Norman Einstein. Het kaartje werd voor dit boek gemodificeerd door GardenStone.

Blz: 38: https://commons.wikimedia.org/wiki/File:Hadrians_Wall_05.JPG. Public domain.

Blz. 44: https://commons.wikimedia.org/wiki/File:Aachen_Domschatz_Bueste1.jpg. Het bestand is vrijgegeven onder de Creative Commons Attribution-Share Alike 3.0 Unported licensie, de fotograaf is Beckstet.

Blz. 54: Bataafse krijger. Bron: Archäologie in Deutschland, jaargang 2010, uitgave 4/2010, blz. 21.

Blz. 62: Detail van de Peutinger kaart. Eigen scan.

Blz: 66: http://db.edcs.eu/epigr/bilder.php?bild=$PP_Lehner_00239.jpg;$TR_CIL_13_08611_1.jpg; $TR_CIL_13_08611_2.jpg;$TR_CIL_13_08611_3.

jpg;$TR_CIL_13_08611_4.jpg;$TR_CIL_13_08611_5.jpg; $OS_CIL_13_08611_1.jpg;$OS_CIL_13_08611_2.jpg;$OS_CIL_13_08611_3.jpg;$OS_CIL_13_08611_4.jpg; $OS_CIL_13_08611_5.jpg

Blz. 80: Diederik, door Pieter Feddes van Harlingen, in: Martinus Hamconius (Maarten Hamkema) "Frisia seu de viris rebusque", 1609.

Blz. 97: https://commons.wikimedia.org/wiki/File:Reconstruction_drawing_of_Ulpia_Noviomagus_Batavorum_around_160_AD,_Nijmegen_%28Netherlands%29_%289567226087%29.jpg

Blz. 130: http://riseandfalloftheromanempire.weebly.com/army-in-action.html. Bewerkt door GardenStone.

Gebruikte literatuur

GardenStone, Gods of the Germanic Peoples. From Roman Times to the Viking Age, volume 1 and 2, Norderstedt, 2014.

GardenStone, Het Mercurius - Wodan complex, Broek op Langedijk, 2011.

GardenStone, Nehalennia, godin van de zeekust, Broek op Langedijk, 2011.

Beide laatstgenoemde boeken zijn momenteel niet in de handel verkrijgbaar, maar kunnen wel direct en online bij de schrijver worden besteld op **www.hg-shop.eu**

Index

De Nerthus claim

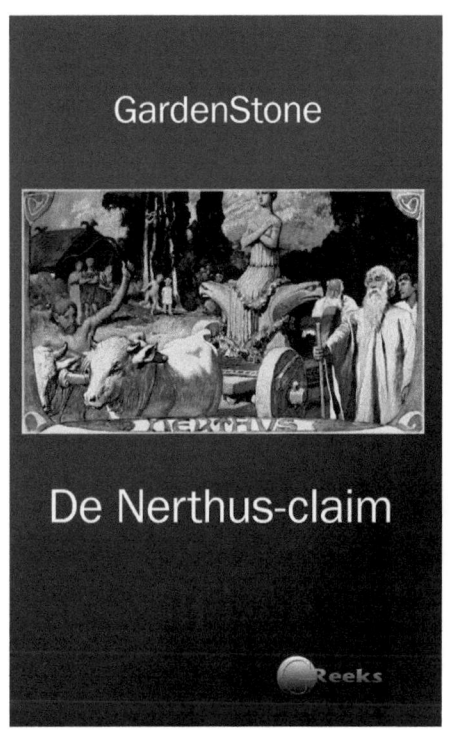

GardenStone

De Nerthus-claim

Reeks

Nauwelijks enig ander document uit de tijd van het Romeinse imperium van bijna tweeduizend jaar geleden heeft bij ons zo sterk de aandacht getrokken als de Germania van Tacitus. Juist uit deze ethnografische verhandeling kennen we de naam Nerthus, een godin, die door zeven kleinere stammen der Germanen zou zijn vereerd. Veel wat in de Germania staat wordt inmiddels echter in twijfel getrokken. Het origineel is verdwenen. De bestaande copieën werden van oudere, eveneens verdwenen copieën overgeschreven en deze zijn niet gelijk aan elkaar. Ook daarom bestaan er veel vraagtekens over dat geschrift in het algemeen en speciaal ook met betrekking tot de godin Nerthus. Dit boek probeert daar tegenover enige uitroeptekens te zetten, soms met een uitdagende ondertoon.

160 pagina's paperback
Prijs: € 14,95
Besteladres: www.hg-shop.eu

Nehalennia

Godin van de zeekust

V.
S.
L.
M.

GardenStone

Nehalennia – Godin van de zeekust

In de eerste eeuwen na het begin van onze jaartelling, toen het Romeinse Rijk zich tot ver naar het Noorden uitstrekte, heerste er aan de westelijke noordzeekust een godin, die door Romeinen, Kelten en Germanen vereerd werd. Pas in 1647 duikt haar naam op, NEHALENNIA, in steen uitgehouwen. En dat niet slechts eenmaal, nee, er werden vele aan haar gewijde altaren gevonden.

Dit boek vertelt over die vondsten, beschrijft in woord en beeld een rijke keuze uit deze altaarstenen en schetst vervolgens een uitvoerig beeld van het leven destijds, dat daarmee de Nehalennia-cultus in haar achtergrond plaatst; haar land, haar betekenis, haar vereerders en de daarmee samenhangende achtergronden worden in een mogelijke historische context gezet. Een godin zonder mythologie, maar met een boeiende geschiedenis!

340 pagina's, Paperback
157 gekleurde, 45 zwartwit illustraties, 14 kaarten
Prijs: € 38,00 (plus verzendkosten)
Besteladres: www.hg-shop.eu

Het Mercurius-Wodan complex

Ongeveer tweeduizend jaar geleden schreef de romeinse geschiedsschrijver Tacitus, dat de Germanen boven alles Mercurius vereerden. Daarmee bedoelde hij een germaanse god die hij met Mercurius gelijkstelde. Omdat Tacitus de naam van die god niet noemde, moest deze geïnterpreteerd worden. Na een flink aantal eeuwen was men het er over eens, dat het Wodan moest zijn. Ook tegenwoordig wordt dit als vanzelfsprekend aangenomen.

In dit boek wordt deze opvatting getoetst aan de hand van de oude, veelal primaire bronnen - de uitkomst stelt grote vraagtekens bij die vastgeroeste zienswijze. Dit boek vereist de bereidheid om platgetreden paden te verlaten om ogenschijnlijke vanzelfsprekendheden onvooringenomen op de proefstand te stellen.

156 pagina's, paperback
48 afbeeldingen
Prijs: € 14,95 (plus verzendkosten)
Besteladres: www.hg-shop.eu

Dit tweedelige en rijk geïllustreerde werk van plm. 650 pagina's bevat een uitgebreide beschrijving van zo'n 270 namen van Germaanse goden en godinnen o.a. met Latijnse inscripties op votiefstenen en de vertalingen ervan, citaten uit Oudnoorse en andere oude boeken en documenten en de etymologie van die namen. Verder zijn er bij honderd godheden korte, fictieve verhalen toegevoegd die proberen een indruk te geven hoe de mernsen destijds hun goden mogelijk ervaarden.

Deel 1: 328 bladzijden, 45 kleur- en 60 z/w illustraties
ISBN: 978-3-7347-3201-0
Prijs € 27,--
Deel 2: 311 bladzijden, 42 kleur- en 41 z/w illustraties
ISBN: 978-3-7347-3201-0
Prijs € 27,--
Een goedkopere uitgave zonder kleur is ook verkrijgbaar.